kreuzundquer mit KonfiKids

Ein Vorkonfirmandenkurs für 8- bis 10-Jährige

Erarbeitet von Hartmut Ahrens und Ulrike Henckel
Herausgegeben von Norbert Dennerlein und
Martin Rothgangel –
im Zusammenhang mit „kreuzundquer“,
dem Konfirmandenmaterial der VELKD

Vandenhoeck & Ruprecht

llustriert von Rebecca Meyer

Bibliographische Information der Deutschen Nationalbibliothek

Die Deutsche Nationalbibliothek verzeichnet diese Publikation
in der Deutschen Nationalbibliografie; detaillierte bibliografische Daten sind
im Internet über http://dnb.d-nb.de abrufbar.

ISBN 978-3-525-58005-9

Umschlagabbildung: www.digitalstock.de

Printed in Germany.
Satz: Daniela Weiland, Göttingen
Druck und Bindung: Hubert & Co, Göttingen

Gedruckt auf alterungsbeständigem Papier.

Inhalt

Einführung

Vorkonfirmandenunterricht mit 8- bis 10-Jährigen

Als Alternative zum „klassischen“ Konfirmandenunterricht mit 12- bis 15-Jährigen hat sich in den letzten Jahren ein „gesplittetes“ Modell etabliert („Hoyaer Modell“): Der Vorkonfirmandenkurs wird für Dritt- oder Viertklässler angeboten, der Hauptkonfirmandenkurs dann drei oder vier Jahre später.

KU mit 8- bis 10-Jährigen macht Freude und Sinn: Die Kinder werden bereits vor den schwierigen Jahren der Pubertät in die Gemeinde eingeladen und mit Bibel, Gesangbuch und Gottesdienst vertraut gemacht. Sie sind motiviert und offen für Neues, sind auch noch nicht so sehr durch Schule, Termine, Privates belastet wie Jugendliche. Grundlagen werden gelegt, auf die im zweiten Kurs aufgebaut werden kann.

KU mit 8- bis 10-Jährigen wird in der Regel so organisiert, dass die Kinder einmal im Monat als Gesamtgruppe zusammenkommen, dreimal im Monat in Kleingruppen. Die Gesamtgruppe wird von Pastor/in bzw. Pfarrer/in betreut, die Kleingruppen leiten Eltern bzw. Teamer (d.h. ehrenamtliche Laien-Mitarbeitende). Zwei Wochenendfreizeiten runden den Kurs ab. Die Kinder besuchen den Kindergottesdienst. Sie absolvieren ein kleines „Praktikum“, z.B. ein Weihnachtsspiel oder Sternsingen.

Im KU mit 8- bis 10-Jährigen gilt es, lebens- und erlebnisnah zu arbeiten; die Kinder entdecken Religion in ihrer Lebenswelt, z.B. anhand der Feste des Kirchenjahrs, sie erarbeiten sich die dazugehörigen biblischen Geschichten und christlichen Deutungen, sie eignen sich Kenntnisse an, indem sie erzählen, gestalten und spielen.

KU mit 8- bis 10-Jährigen steht neben Religionsunterricht und Kinderkirche/Kindergottesdienst; sein Spezifikum ist die persönliche Begegnung in der Kleingruppe, das benotungsfreie, informelle Suchen nach Deutungen und Bedeutungen, insbesondere zusammen mit Leitenden, für die das Reden über Religion nicht Beruf, sondern „Hobby“ und damit Experiment ist.

Ein besonderes Augenmerk gilt im KU mit 8- bis 10-Jährigen der Ergebnissicherung: Um später an das bereits Erarbeitete anknüpfen zu können, ist es wichtig, Kompetenzzugewinne bewusst zu machen und zu dokumentieren; schließlich ist es entscheidend, dass der nachfolgende Hauptkonfirmanden-Kurs auf den Vorkurs aufbaut: Die gleichen Inhalte werden aus neuer Perspektive wiederentdeckt und ausgebaut.

kreuzundquer

Der Name „kreuzundquer“ steht für ein didaktisches Konzept, das ebenso effektiv wie bewährt ist: Jeder Baustein des Kurses folgt einem dreischrittigen Aufbau: wahrnehmen, deuten, gestalten.

- Wahrnehmen: Die Kinder bringen ihren Alltag und ihre Erfahrungen mit in die Konfirmandenstunde; beides ist wahrzunehmen und ernst zu nehmen. Es gilt, Erfahrungen, Erwartungen, Interessen und Hoffnungen der Kinder zu aktivieren und Fragehaltungen zu öffnen.

- Deuten: Auf diesem Hintergrund kommen die Themen des KU ins Spiel – biblische, kirchliche, religiöse Deuteangebote, die analog oder konträr zu den Vorerfahrungen sein mögen. In der Auseinandersetzung gewinnen sie Relevanz.
- Gestalten: Die dritte Dimension enthält Impulse zur Aneignung und Entfaltung. Wie werden die Kinder die Deuteangebote, die der KU ihnen macht, in ihr Leben integrieren – sei es unmittelbar oder in ihrem späteren Leben? Im Unterricht werden Aneignungen angeregt; was dabei herauskommt, wird so eigen sein wie jedes einzelne Kind.

Zwei rote Fäden gehören zum „kreuzundquer"-Konzept: „der Blick über den Tellerrand" und die „Perlen des Glaubens".

- Der Blick über den Tellerrand: Wo immer es sich inhaltlich anbietet, weitet sich der Blick zur Mutterreligion Judentum und zum Islam. Gemeinsame Wurzeln werden ebenso erfahrbar wie eigenständige Ausprägungen.
- Das Perlenband des Glaubens als evangelisches Pendant zu Rosenkranz oder Gebetskette macht den Glauben anschaulich und begreifbar und ermöglicht sinnlich-spirituelle Erfahrungen. An verschiedenen Haltepunkten des Kurses finden sich Vorschläge zur Einbeziehung der Perlen. Die Bänder können gebastelt oder gekauft werden; es hat sich auch bewährt, die Perlen einzeln zu sammeln und das Band dann am Ende des Kurses zusammenzustellen (s. dazu S. 9).

kreuzundquer mit KonfiKids

Der hier vorgeschlagene Vorkonfirmandenkurs umfasst eine modellhafte Inhalte-Verteilung sowie ausgearbeitete Verlaufspläne, Informationen und Materialien für die Kleingruppenstunden.

Für Leiterinnen und Leiter der Kleingruppen, seien es Eltern, Lehrer oder Teamer, finden sich hier als Kopiervorlagen Einführungen in den Unterrichtsstoff („Stichwort"), Stundentafeln („Verlauf"), Erzählvorschläge („Geschichte"), Vorlagen für Spielszenen („Spiel") sowie Arbeitsblätter und Schablonen.

Die Konfirmandinnen und Konfirmanden führen einen Ordner, in dem Materialien sowie eigene Arbeiten abgeheftet werden; Vorlagen für →Deckblatt und →Inhaltsverzeichnis finden sich auf den Seiten 7 und 8.

Grundlage für das gemeinsame Singen ist das „Menschenkinder-Liederbuch I".

Der Vorkonfirmandenkurs auf einen Blick

Std.	Art des Treffens	Inhalt	
1	Gesamtgruppe	Einteilung in Kleingruppen, Organisation	
2	Kleingruppen	Taufe I	Der Taufe auf der Spur
3	Kleingruppen	Taufe II	Ein Äthiopier wird getauft
4	Kleingruppen	Taufe III	Kerze, Taube, Name
5	Kleingruppen	Taufe IV	Licht
6	Gesamtgruppe	Singen und die Kirche kennenlernen	
7	Kleingruppen	Taufe V	Wasser
8	Taufgottesdienst für noch nicht getaufte Kinder		
9	Kleingruppen	Kirchenjahr	Ein Steuerrad
10	Wochenendfreizeit: Lernstationen „Bibel“		
11	Gesamtgruppe	Film: „Advent“	
12	Kleingruppen	Advent und Weihnachten I	Vorfreude
13	Kleingruppen	Advent und Weihnachten II	Advent feiern
14	Gesamtgruppe	Jesus-Lieder singen	
15	Kleingruppen	Jesus I	Christina und Christian
16	Kleingruppen	Jesus II	Jesus wird getauft
17	Kleingruppen	Jesus III	Jesus sammelt Jünger
18	Kleingruppen	Jesus IV	Jesus spricht
19	Gesamtgruppe	Collagen zum Leben Jesu	
20	Kleingruppen	Jesus V	Jesus begegnet Menschen
21	Kleingruppen	Jesus VI	Gottes neue Welt
22	Kleingruppen	Jesus VII	Jesus macht sich Feinde
23	Kleingruppen	Karfreitag und Ostern I	Das Weizenkorn erstirbt
24	Gesamtgruppe	Aus dem Leiden kommt Hoffnung	
25	Kleingruppen	Karfreitag und Ostern II	Das Weizenkorn bringt Frucht
26	Kleingruppen	Pfingsten I	Der Heilige Geist kommt
27	Kleingruppen	Pfingsten II	Der Heilige Geist wirkt
28	Gesamtgruppe	Vorbereitung der Freizeit	
29	Wochenendfreizeit: „Abendmahl“		
30	Abendmahlsgottesdienst mit der Gemeinde		
31	Kleingruppen	Gottesbilder I	Gott ist wie ...
32	Kleingruppen	Gottesbilder II	Gott macht ...
33	Kleingruppen	Gottesbilder III	Gott sehen ...
34	Abschlussfest des Vorkonfirmandenjahres		

Inhaltsverzeichnis

 Taufe		
Kirchenjahr		
Advent		
 Jesus		
Karfreitag und Ostern		
Pfingsten		
 Gott		

Die Perlen des Glaubens

Die Perlen des Glaubens sind 18 Perlen, die zu einem Armband zusammengefügt werden. Sie machen die wichtigsten Themen des Lebens und des christlichen Glaubens begreifbar.

Jede Perle ist von unterschiedlicher Farbe und Form. Sie hat einen eigenen Namen und eine eigene Bedeutung.

Zu einem Perlenband zusammengefügt, können die Perlen ein Sinnbild des Lebensweges sein. Gleichzeitig erzählen sie die wichtigsten Stationen des Lebens Jesu.

Das Perlenband ist eine Hilfe, miteinander über den Glauben ins Gespräch zu kommen. Wie die Gebetsperlen in anderen Religionen kann es beim Beten oder zum Meditieren benutzt werden.

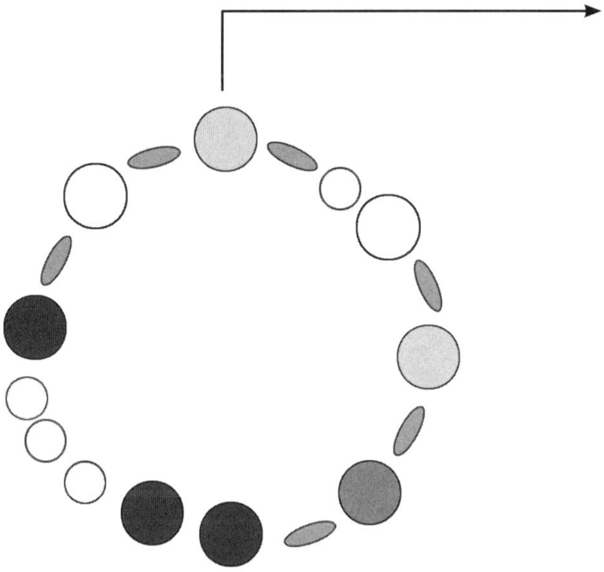

Amt für Öffentlichkeitsdienst der Nordelbischen Ev.-Luth. Kirche, www.perlen-des-glaubens.de.

Die Perlen im Uhrzeigersinn:

1.	Gottes-Perle	golden
2.	Perle der Stille	braun
3.	Ich-Perle	weiß
4.	Tauf-Perle	weiß
5.	Perle der Stille	braun
6.	Wüsten-Perle	beige
7.	Perle der Stille	braun
8.	Perle der Gelassenheit	blau
9.	Perle der Stille	braun
10.	Perle der Liebe	rot
11.	Perle der Liebe	rot
12.	Geheimnis-Perle	weiß
13.	Geheimnis-Perle	weiß
14.	Geheimnis-Perle	weiß
15.	Perle der Nacht	schwarz
16.	Perle der Stille	braun
17.	Perle der Auferstehung	weiß
18.	Perle der Stille	braun

Gedanken zu den Perlen

Gottes-Perle	Gibt es Gott?	**Liebes-Perlen**	... liebe und bin geliebt!
Perlen der Stille	Wie werde ich ruhig?	**Geheimnisse**	- helle? - dunkle?
Ich-Perle	Wer bin ich?	**Perle der Nacht**	Was fürchte ich?
Tauf-Perle	... auf dem Weg!	**Auferstehung**	Das Leben siegt!
Wüsten-Perle	... mache viel durch!		
Gelassenheit	Was lade ich ab?	**Gottes-Perle**	Gott ist da für mich.

Texte: Kirsten Faupel-Drevs; die „Perlen des Glaubens"

Taufe

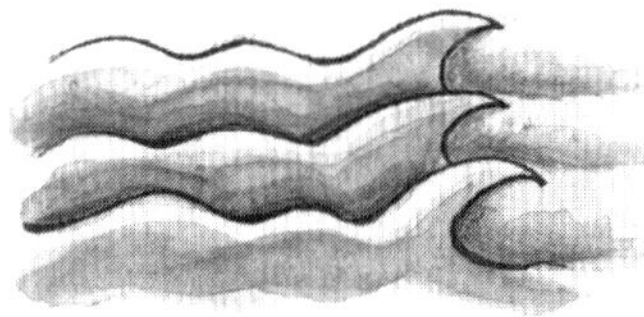

Stichwort: Taufe

„Taufe“ ist das erste Thema. Die Kinder sollen eine Vorstellung davon bekommen, was die christliche Taufe bedeutet. Sie werden dabei Taufgeschichten und Symbole kennenlernen, die die Taufe erklären. Es wäre schön, wenn sie in dieser Zeit an einem Taufgottesdienst teilnehmen könnten.

Was bedeutet die Taufe?

In der evangelischen Kirche ist die Taufe eins von zwei Sakramenten (Das andere ist das Abendmahl). Ein Sakrament ist ein „heiliges Zeichen“. Es hat drei Kennzeichen:

- Ein sichtbares Zeichen: Wasser (beim Abendmahl Brot und Wein)
- Ein deutendes Wort: der Taufauftrag (beim Abendmahl: Einsetzungsworte)
- Die Einsetzung durch Jesus, die in der Bibel überliefert ist.

Durch die Taufe wird jemand in die Gemeinschaft der Christen aufgenommen. Wann das passiert, darüber gibt es unterschiedliche Meinungen:

In den sogenannten Täuferkirchen (Baptisten) wird die **Glaubenstaufe** praktiziert. Der Grundgedanke dabei ist, dass die Taufe sichtbares Zeichen für die eigene Entscheidung eines Menschen zum Glauben ist. Die Glaubenstaufe kann nur durch vorangegangenen Taufunterricht an mündigen Christen vollzogen werden. Dieser Haltung schließen sich auch manche evangelische Eltern an, wenn sie sagen: „Unser Kind soll sich selber entscheiden, ob es getauft werden möchte.“

In der evangelischen (und katholischen) Kirche gibt es ein anderes Verständnis der Taufe. Es zeigt sich in der Praxis der Kindertaufe.

Taufe ist hier nicht das Zeichen dafür, dass ein Mensch sich für den Glauben an Gott entschieden hat, sondern dass Gott „Ja“ zu diesem Kind sagt und es ohne Vorbedingungen annimmt und in seine Gemeinde aufnimmt.

So wie ein Kind den „Vorschuss“ der Zuwendung seiner Eltern braucht, um ein selbstbewusster Mensch zu werden, kann sich Glaube (= Vertrauen zu Gott) nur da entwickeln, wo ein Mensch sich von Gott bejaht weiß.

Glaube ist keine Leistung, die ein Mensch erbringen muss, sondern Glaube hat seinen Grund immer darin, dass ein Mensch vom „Ja“ Gottes lebt. Das kommt besonders in der Kindertaufe zum Ausdruck: Ein kleines Kind hatte ja noch keine Gelegenheit seine „Leistung“ zu beweisen, sondern wird durch die Taufe bedingungslos akzeptiert.

Da ein kleines Kind erst in das Verstehen des Glaubens hineinwächst, folgt auf die Kindertaufe die christliche Erziehung durch die Eltern und durch die Gemeinde in Kinder- und Jugendarbeit und besonders in der Konfirmandenzeit. Die Konfirmandenzeit ist „nachgeholter Taufunterricht“. An ihrem Ende soll der Jugendliche selbst eine Entscheidung über den weiteren Weg im Glauben fällen durch sein Bekenntnis bei der Konfirmation. Bis dahin sollen die Paten als Vertreter der Gemeinde ein Kind im Hineinwachsen in den Glauben begleiten.

1. Der Taufe auf der Spur

Sie brauchen ...

Liederbuch, Bilder von der Taufe, Erzählung „Ich heiße Tim“, Materialien für die „Taufkiste“, Arbeitsblatt „Der Taufe auf der Spur“

Verlauf

Begrüßung	Begrüßung/Vorstellung/Organisatorische Fragen
Lied	z.B. „Danke"
Einstieg	Das Deckblatt „Taufe" wird betrachtet (Titel abdecken). „Wovon wollen wir heute und in den nächsten vier Stunden sprechen?"
Aktion	Bilder von Taufen werden auf den Tisch gelegt und betrachtet.
Geschichte	Die Geschichte „Ich heiße Tim" wird erzählt/vorgelesen.
Gespräch	„Wisst ihr, was bei einer Taufe passiert?"
Aktion	„Taufkiste" (z.B. mit Kerze, Kreuz, Wasser, Kinderbild, Taufauftrag, Glaubensbekenntnis und Namenskarte sowie einigen beliebigen Sachen wie Schnuller oder Shampoo) wird auf den Tisch gestellt. Es wird gemeinsam überlegt: „Was braucht man zu einer christlichen Taufe?"
Lied	z.B. „Kind, du bist uns anvertraut"

Hausaufgabe

Bearbeite das Arbeitsblatt „Der Taufe auf der Spur“. Bringe auch ein Tauf- oder Babyfoto von dir mit. Und zeichne ein Bild von Leos Taufe.

Rein weiß ist die Taufperle, die weiße Ich-Perle schimmert wie Permutt. Wie gehören sie zusammen?

Geschichte (Abschnitte = Erzähleinheiten)

Ich heiße Tim

1. Tim saß hinten im Auto und war furchtbar sauer. Am Morgen hatte seine Mutter von ihm verlangt, die blaue Hose mit dem hellen Sonntagspullover anzuziehen. Tim hasste die Hose und den Pullover sowieso. Eigentlich mochte er nur das Fußballtrikot aus England, das er von seiner Tante geschenkt bekommen hatte. „Nein“, hatte seine Mutter gesagt, „in einer Kirche zieht man sich festlich an und nicht wie auf dem Sportplatz. Außerdem wird dein Bruder getauft und das ist ein Ehrentag.“

2. Tims Bruder Leo saß jetzt neben ihm in seinem kleinen Kindersitz und schrie erbärmlich. Anscheinend wusste er nicht, dass das heute sein Ehrentag ist. „Mama“, sagte Tim, „warum ist das ein Ehrentag für Leo?“ Tims Mutter drehte sich nach hinten um und steckte Leo einen Schnuller in den Mund. Sofort war er ruhig. „Nun“, sagte sie, „Ehrentag, weil wir mit der Taufe zu Gott gehören. Genauso ein Ehrentag wie deine Taufe damals. Du kannst dich nicht mehr daran erinnern, aber wir sind damals mit dir in die Kirche gefahren und der Pastor Weiß hat dich getauft. So wie er heute Leo tauft.“

3. Vor der Kirche war es schwer, einen Parkplatz zu finden, so viele Autos standen dort. „Es werden heute noch andere Kinder getauft“, sagte Tims Vater. Vor der Kirche warteten Oma und Opa schon auf sie. Auch Inge, die Freundin von Mama, stand dort. Inge nahm Mama den kleinen Leo ab und küsste ihn. Sie würde die Taufpatin von Leo werden. „Mama, kommt Armin auch?“, fragte Tim erfreut. Armin war sein Taufpate und Tim mochte ihn sehr, weil er immer, wenn er zu Besuch kam, mit ihm Fußball spielte.

4. „Nein“, sagte die Mutter. „Heute kommt nur Leos Patin. Sie wird Leo nachher über das Taufbecken halten. Du wirst es gleich sehen.“ Pastor Weiß kam in der Kirche auf sie zu und begrüßte alle. Er begleitete sie zu einer freien Kirchenbank. Dann trat der Pastor an den Altar und der Taufgottesdienst begann. Die Orgel spielte, Mama und Papa sangen mit den anderen und Inge wiegte den schlafenden Leo auf dem Arm.

5. Tim sah ein großes Steinbecken neben dem Altar stehen. Am Rand lag ein weißes Tuch. Während der Gottesdienst weiterging, kam eine Frau und brachte einen Krug, den sie dann in das Steinbecken leerte. „Das ist das Taufwasser“, flüsterte Tims Papa ihm zu. „Damit werden die Kinder gleich getauft.“ „Macht er sie nass?“, fragte Tim voller Entsetzen. Die Leute, die in der Nähe saßen, lachten leise. „Psst“, machte Papa. „Du wirst es gleich sehen.“

6. Schließlich standen sie auf und traten zu dem Becken. Pastor Weiß malte Leo mit dem Finger ein unsichtbares Kreuz auf die Stirn. „Nimm hin das Zeichen des Kreuzes. Du gehörst zu Christus“, sagte er und dann fragte er laut: „Welchen Namen hat das Kind?“ „Leonard“, sagte Inge und hielt Leo mit dem Köpfchen über das Steinbecken.

7. Der Pastor tauchte seine Hand in das Wasser und träufelte vorsichtig Wasser auf Leos Kopf. Dabei sagte er: „Leonard, ich taufe dich im Namen Gottes, des Vaters und des Sohnes und des heiligen Geistes. Friede sei mit dir." Dann wischte er Leo den Kopf mit dem weißen Tuch trocken.

8. Die anderen Kinder wurden genauso getauft. Sogar ein erwachsener Mann beugte sich über das Taufbecken. Am Ende bekam jeder Getaufte eine brennende Taufkerze.

9. „Mama", fragte Tim leise seine Mutter, als sie wieder auf ihren Plätzen saßen und die Orgel spielte. „Mama, warum hat er denn alle nach dem Namen gefragt?" „Weil Gott jeden bei seinem Namen ruft", antwortete Mama leise und strich Tim über das Haar. „Weißt du, damit wir wissen, dass Gott genau dich meint oder Leo oder den Mann, der heute auch getauft worden ist."

10. Das gefiel Tim. Abends im Bett sagte er leise: „Ich heiße Tim, Gott, vergiss das nicht."

Hilfen für das Gespräch	
... über Tim	zehn Abschnitte: 1. Tim ist sauer – die Sonntagskleidung | 2. Ein Ehrentag für Leo | 3. Es gibt mehrere Täuflinge | 4. Die Taufpatin/Gottesdienstbeginn | 5. Taufwasser ist nass | 6. Welchen Namen hat das Kind? | 7. „Ich taufe dich ..." | 8. Auch ein Erwachsener wird getauft | 9. Gott ruft jeden beim Namen | 10. „Ich heiße Tim!"
... über uns	Wir zählen auf: Wasser | Name | Kreuzzeichen | Taufkerze | Sonntagkleidung | Blumenschmuck | Paten | Lieder ... Wir bewerten: Welche von diesen „Zutaten" der Taufe sind a) unverzichtbar, b) wichtig, c) schön, aber verzichtbar?

Arbeitsblatt

Der Taufe auf der Spur

Fülle den Fragebogen aus. Wenn du noch nicht getauft bist, gelten für dich die Aufgaben in den Klammern.

Datum deiner Taufe (Geburt): ____ ____ ________

Was war das für ein Tag? ______________________________

Wie lautet dein vollständiger Name? ______________________________

Warum bist du (nicht) getauft worden? Frage deine Eltern. ______________________________

____

Wenn du getauft worden bist:

In welcher Kirche wurdest du getauft? ______________________________

Wie heißen deine Paten? ______________________________

Wer war sonst noch dabei? ______________________________

Wer hat dich getauft? ______________________________

Wenn du getauft bist, trage deinen Taufspruch hier ein:

____

____

____

(Wenn du noch getauft werden möchtest, kannst du dir hier oder in der Bibel einen Taufvers aussuchen und oben eintragen.)

- Fürchte dich nicht, denn ich bin mit dir und will dich segnen. (1 Mose 26,24)
- Ein Mensch sieht, was vor Augen ist; der Herr aber sieht das Herz an. (1 Sam 16,7)
- Der Herr ist mein Hirte, mir wird nichts mangeln. (Ps 23,1)
- Fürchte dich nicht, denn ich habe dich erlöst; ich habe dich bei deinem Namen gerufen; du bist mein! (Jes 43,1)
- Gott hat seinen Engeln befohlen, dass sie dich behüten auf allen deinen Wegen. (Ps 91,11)

2. Ein Äthiopier wird getauft

Die Apostelgeschichte ist die Fortsetzung des Lukasevangeliums. Sie erzählt, wie erste christliche Gemeinden entstehen und wachsen. Durch die Missionsarbeit des Paulus und der anderen Apostel finden immer mehr Menschen zum christlichen Glauben.

Apg 8,21-40 erzählt die Begegnung zwischen Philippus und dem Kämmerer der äthiopischen Königin Kandake. Dieser ist mit dem jüdischen Glauben in Berührung gekommen, gehört aber nicht zum Volk Israel. Er macht sich auf zum Tempel nach Jerusalem. Dort kauft er sich wohl eine Schriftrolle aus dem Jesaja-Buch.

Es kommt zur Begegnung mit Philippus, der dem Kämmerer den Jesajatext deutet. Er zeigt ihm, dass Jesaja in bildhaften Worten auf Jesu Tod und Auferstehung hinweist. Dies ebnet dem Kämmerer den Weg zum christlichen Glauben. Als Folge lässt sich der Kämmerer taufen. Die Taufe ist sichtbares Zeichen, dass einer Christ ist. Aber sie ist kein „magisches" Zeichen, sie wartet auf die Antwort des Glaubens.

Die Geschichte vom Kämmerer legt ganz anschaulich den Taufauftrag aus Matthäus 28 aus: „Gehet hin und macht zu Jüngern alle Völker. Tauft sie auf den Namen des Vaters und des Sohnes und des Heiligen Geistes und lehret sie alles halten, was ich euch befohlen habe. Siehe, ich bin bei euch alle Tage bis an der Welt Ende."

Schriftrolle – Tempel – Erwähltes Volk

Schriftrollen spielen bis heute im Judentum eine wichtige Rolle: In ihren Gebetshäusern, den Synagogen, wird Gottes Wort aus den Tora-Rollen vorgelesen, kostbaren Handschriften der Bücher Mose, und auch z.B. aus den Propheten.

In Jerusalem baute König Salomo ein Haus für Gott, den Tempel. Hier wurde die Lade mit den Gesetzestafeln aufgehoben, hier wurden Gott Tieropfer gebracht; hier versammelten sich Juden von überallher, um die großen Feste gemeinsam zu feiern.

Die ersten Bücher der Bibel erzählen davon, dass Gott Menschen zu seinen Partnern erwählte: Mit Noah, mit Abraham und schließlich mit dem Volk, das Mose aus Ägypten führte, schloss Gott einen Bund. Und er steht mit seinem Wort dafür, dass dieser Bund für immer bestehen wird.

Sie brauchen ...

Erzählvorschlag, Rollenspiel

Verlauf

Lied	„Ja, Gott hat alle Kinder lieb"
HA	Hausaufgabe besprechen (Der Taufe auf der Spur)
Einstieg	Eine Kerze anzünden. Dazu der Satz: „Mir ist ein Licht aufgegangen." Wann sagen wir das? Was bedeutet das?
Geschichte	„Ich möchte euch von einem erzählen, dem ist auch mal ein Licht aufgegangen." Erzählvorschlag nach Apg 8,26-39
Aktion	Das Gespräch zwischen dem Kämmerer und Philippus wird von den Kindern mit verteilten Rollen gelesen.
Gespräch	Was für ein Licht ist dem Afrikaner aufgegangen?
Aktion	Die Geschichte soll als Comic in sechs Bildern gezeichnet werden: 1) Äthiopier daheim – bricht auf; 2) Äthiopier vor dem Tempel in Jerusalem; 3) Äthiopier kauft Schriftrolle; 4) In der Kutsche: Äthiopier liest; 5) Philippus steigt in die Kutsche; 6) Philippus tauft den Äthiopier. Immer zwei Kinder teilen die Bilder untereinander auf. Sprech- und Denkblasen nicht vergessen. Wenn die Geschichte fertig ist, wird überlegt: Wohin passt das Comic-Zeichen für: „Mir geht ein Licht auf" – die Glühbirne?

Die Taufperle ist weiß – weiß wie die traditionelle Taufkleider der Täuflinge, weiß wie frischer Schnee, weiß wie eine unbeschriebene Seite im Heft. Weiß bedeutet „rein", bedeutet „neu", bedeutet „offen" für so vieles, was noch werden kann. Weiß ist auch die Perle der Auferstehung. Getauft werden ist wie neu geboren werden.

Gott im Himmel,

du hast alles neu gemacht, damals, am Anfang.
Du machst alles noch einmal neu in deinem Sohn Jesus Christus.
Du wirst alles ganz neu machen, am Ende der Zeit.
Mache auch mich neu – in meiner Taufe und an jedem neuen Tag. Amen

Geschichte

Wie der erste Afrikaner Christ wurde

1. In Afrika gab es ein Land, das wurde von einer Königin regiert. Sie hatte dunkle Haut wie alle Afrikaner. Sie war sehr reich. Sie hatte einen Diener, der nur die Aufgabe hatte, auf die Schätze der Königin aufzupassen. Er war klug und wusste, dass die Schätze der Königin sehr kostbar waren. Doch er dachte auch: Viel kostbarer als alles Gold ist es, etwas über Gott, den Schöpfer des Himmels und der Erde, zu erfahren.

2. In das afrikanische Land kamen auch sehr oft jüdische Händler. Der Schatzmeister interessierte sich viel mehr dafür, was sie über ihre Heimat erzählten, als für ihre Waren. Er fragte sie aus, was in ihrem Land über den unsichtbaren Gott, den Schöpfer der Welt, erzählt würde.

3. Die Händler berichteten: „In unserem Land gibt es einen schönen großen Tempel in der Hauptstadt. Dort wird an jedem Tag zu Gott gebetet. Es gibt aber bei uns auch viele Bücher. In ihnen steht all das geschrieben, was früher bei uns die Menschen über Gott gesagt haben und wie ihnen Gott geholfen hat."

4. Der Schatzmeister dachte nun: Ich muss unbedingt nach Jerusalem reisen. Das ist für mich jetzt das Wichtigste. Ich muss mehr über den unsichtbaren Gott erfahren. Er bat die Königin um Urlaub und bereitete seine Reise vor. Dann fuhr er eines Tages mit Pferd und Wagen los.

5. Die Reise dauerte einige Wochen. Er musste auch lange Strecken durch einsame Gegenden zurücklegen. Manchmal fragte er sich, ob sich die Reise überhaupt lohnen werde. Schließlich kam er nach Jerusalem. Er sah den gewaltigen Tempel. Er ging jeden Tag hin. Trotzdem fand er nicht das, was er suchte.

6. Er kaufte sich eine Schriftrolle, in der geschrieben stand, was früher einmal ein Prophet gesagt hatte. Dann sagte er zu seinem Kutscher, dass er nach Hause fahren wolle.

7. Auf der langen Reise las er in der Schriftrolle. Doch er verstand nicht so recht, was die Worte zu bedeuten hatten. Es war da von einem Mann die Rede, der alles Unrecht, was ihm Menschen antun, geduldig auf sich nimmt und leidet.

8. Als er ratlos die Rolle beiseite legte, bemerkte er am Straßenrand einen Mann, der so aussah, als ob er ihn erwartete. Der Mann war Philippus. Er war Christ. Er hatte einen Auftrag von Gott. Er hatte in seinen Gedanken gespürt, dass da ein Mensch war, der ihn brauchte. Die Kutsche des Afrikaners hielt an. Und die beiden fingen an, miteinander zu sprechen ...

Rollenspiel (P. = Philippus; A. = Afrikaner; E. = Erzähler)

P.	Verzeih! Du liest ja laut vor dich hin. Da habe ich mitgehört. Darf ich fragen, ob du verstehst, was du da liest?
A.	Wie kann ich es verstehen? Ich bin ganz allein und kenne mich in diesen Schriften nicht aus. Weißt du denn, was das bedeutet: „Er ist wie ein Schaf, das zur Schlachtbank geführt wird. Doch durch seine Wunden sind wir geheilt."
P.	Der Prophet spricht hier von Jesus.
A.	Von Jesus? Wer ist Jesus?
P.	Den Jesus, den hat Gott zu uns Menschen geschickt. Er sollte uns sagen und zeigen, wie Gott ist. Seitdem glauben wir, dass Gottes Liebe für jeden von uns gilt und dass er allen Menschen Gutes tun will.
A.	Allen Menschen? Auch denen, die keine Juden sind? Auch mir, dem Afrikaner?
P.	Ja, er ist nicht nur für manche Menschen oder nur für ein einziges Volk da. Alle Menschen sind ihm wichtig, nicht nur die Weißen. Gott macht keine Unterschiede.
A.	Woher willst du das wissen? Was hast du mit Jesus erlebt?
P.	Wenn Jesus sah, dass jemand traurig war, dass er weinte, dann hat er ihn getröstet. Kranke hat er geheilt, Hungernden hat er zu essen gegeben. Leuten, die schuldig geworden waren, hat er im Namen Gottes vergeben. Menschen, die einen anderen Glauben hatten, hat er nicht weggeschickt, auch nicht die aus einem andern Volk. Sogar seine Feinde hat er noch lieb gehabt. Und mit Menschen, die von anderen verachtet wurden, hat er Freundschaft geschlossen. Das alles hat er getan, um zu zeigen: Gott hat alle Menschen lieb. Bei ihm ist niemand ausgeschlossen.
A.	Alle Menschen? Dann kann ich auch dazu gehören. Aber wo ist Jesus? Wo kann ich ihn finden?
P.	Er wurde am Kreuz getötet.
A.	Getötet? Warum denn? Was hat er getan?
P.	Nichts Böses! Er hatte keine Schuld. Aber die Menschen glaubten ihm nicht, was er von Gott erzählte. Wir Christen glauben, dass Jesus für uns gestorben ist.

A.	Schade, dass Jesus schon gestorben ist. Sonst wäre er vielleicht auch zu mir gekommen und ich hätte ihn kennenlernen können.
P.	Er ist ja zu dir gekommen!
A.	Wie meinst du das?
P.	Jesus ist nicht für immer tot. Er lebt. Gott hat ihn auferweckt. Jetzt ist er immer bei uns. Zum Beispiel, wenn wir jetzt von ihm sprechen. Wir sehen ihn nicht. Aber er ist da.
A.	Willst du sagen, dass Jesus dich zu mir geschickt hat?
P.	Ja, das glaube ich. Ich habe gespürt, dass der Heilige Geist mich hierher geführt hat.
A.	Heiliger Geist?
P.	Ja, so sagen wir das, wenn Jesus unsichtbar unter uns ist. Auch du kannst das erleben, dass es für Gottes Liebe keine Grenzen gibt. Auch dich hat er lieb.
A.	Weißt du, das ist eigentlich die Nachricht, die ich schon lange gesucht habe. Jetzt weiß ich, was mir gefehlt hat. Jetzt bin ich der Wahrheit und dem Leben auf der Spur. Ich fühle mich wie neu geboren.
P.	Ja, so ist es uns allen gegangen, als wir den Glauben an Jesus gefunden haben. Als Christen haben wir ein schönes Zeichen dafür, dass etwas Neues angefangen hat.
A.	Ein Zeichen, dass etwas Neues angefangen hat? Das musst du mir erklären!
E.	Da hat ihm Philippus die Taufe erklärt.
P.	Wenn man im Wasser untertaucht, dann kriegt man bald keine Luft mehr. Man hat das Gefühl: Ich muss sterben. Aber wenn man dann wieder auftaucht und Luft schnappen kann, dann ist das so, als sei man wieder neu geboren. Darum werden die Menschen bei der Taufe im Wasser untergetaucht. Das soll zeigen: Wer getauft wird, der lässt das alte Leben hinter sich. Er will ein neues Leben mit Jesus Christus anfangen.
E.	Der Schatzmeister aus Afrika hat das gut verstanden. Und weil er sich gerade wie neugeboren fühlte und auch ein neues Leben vor Augen hatte, darum hat er zu Philippus gesagt:

A.	Du, da vorn ist ein See. Da ist genug Wasser. Kannst du mich da nicht taufen? Ich möchte auch ganz fest zur Gemeinschaft der Christen dazugehören. Darum möchte ich auch das Wasserzeichen für das neue Leben bekommen.
P.	Gut, wenn du das möchtest, dann werde ich dich jetzt taufen!
E.	Sie stiegen in das Wasser des Sees. Der Afrikaner tauchte unter und wieder auf. Philippus sagte:
P.	Ich taufe dich im Namen des Vaters, denn Gott ist dein Vater und hat dich lieb. Ich taufe dich im Namen des Sohnes, denn Jesus, der Sohn Gottes, will auch dein Bruder sein. Und ich taufe dich im Namen des Heiligen Geistes, denn Gott gibt dir durch seinen Geist die Kraft zu glauben und in deiner Heimat von Gott zu erzählen.
E.	Der Afrikaner spürte, dass er jetzt zur Gemeinschaft der Christen gehörte. Darüber freute er sich sehr. Philippus wanderte schnell weiter. Der Schatzmeister stieg in seinen Wagen. Er war so voller Freude wie noch an keinem Tag seines Lebens.

3. Kerze, Taube, Name

Im Unterschied zum Kämmerer aus der vergangenen Stunde haben die Kinder, die als Kleinkinder getauft worden sind, ihre Taufe nicht bewusst miterlebt. Darum ist es gut, sich immer wieder an die Taufe und ihre Bedeutung zu erinnern. Das geschieht in Tauf- und Tauferinnerungsgottesdiensten, durch die Feier des persönlichen Tauftages in der Familie oder durch das Anzünden der Taufkerze. Auf vielen Taufkerzen sind zudem Zeichen zu sehen, die uns helfen, die Taufe zu verstehen.

Sie brauchen ...

Teelichter, Meditationstext „Jesus, Licht der Welt", Blatt mit Taufzeichen (= S. 11), Blatt mit Beschreibungen, Stumpenkerze und Wachsplatten, Küchenmesser

Verlauf

Lied	„Ich möcht', dass einer mit mir geht"
HA	Hausaufgabe besprechen (Ein Afrikaner wird getauft)
Einstieg	„Dem Kämmerer ist ein Licht aufgegangen, als er verstand, dass Jesus ihn liebt. Jedem Kind wird bei der Taufe eine Taufkerze überreicht als Zeichen dafür, dass Gott es liebt."
Aktion	Blatt mit Zeichen (S. 11) liegt auf dem Tisch. Die Kinder ziehen jeweils eine Beschreibung für ein Taufzeichen (Blatt zerschneiden). Sie benennen das dazugehörige Zeichen. Aus farbigen Wachsplatten gestaltet jedes Kind sein Zeichen und klebt es auf die Taufkerze.
Aktion	Meditation „Jesus, Licht der Welt" wird gemeinsam gelesen. Jedes Kind übernimmt einen der nummerierten Sätze. (Wichtig: Dabei muss absolute Stille sein. Falls nicht: Von vorn anfangen!) In der Mitte steht die Kerze mit den Taufzeichen. An ihr kann jedes Kind ein Teelicht anzünden.
Aktion, evtl. HA	Jedes Kind erhält ein Blatt mit allen Beschreibungen: Zeichne die beschriebenen Zeichen zu den passenden Beschreibungen.

Meditationstext

Jesus ist gekommen, damit die Menschen nicht im Dunkeln leben müssen. Dunkel, das bedeutet Angst, Trauer, Sorge, Not. Darum sagen wir: Jesus ist das Licht der Welt.

1	Das Licht auf der Taufkerze sagt mir:
2	Jesus will auch in mein Leben Licht bringen.
3	Ich zünde meine Kerze an der Christuskerze an.
4	Ich spüre die Wärme des brennenden Lichtes.
5	Das Licht bescheint mich, macht mein Gesicht hell.
6	Mit jeder Kerze, die wir anzünden, wird es heller.
7	Jesus ist das Licht der Welt. Sein Licht leuchtet für uns.

Zeichen erklären uns die Taufe

1. Alpha und Omega sind der erste und der letzte Buchstabe des griechischen Alphabets. Sie bedeuten: Jesus Christus ist vom Anfang bis zum Ende des Lebens bei dir. Bei der Taufe verspricht er dir das.	
2. Gottes Liebe ist wie die Sonne. Sie ist ein Zeichen für Gottes Liebe und für das Licht des Ostermorgens, an dem Jesus auferstanden ist.	
3. Das griechische Wort für Fisch (Ichtys) besteht aus den Anfangsbuchstaben eines kurzen Glaubenbekenntnisses: „Jesus Christus Gottes Sohn, unser Retter." Mit der Taufe bekennen wir uns zu Jesus Christus.	
4. Wenn ein Schiff auf dem schwankenden Wasser Halt sucht, braucht es einen Anker, der sich auf dem Meeresboden eingräbt. Dieses Zeichen auf der Taufkerze sagt uns: Gott gibt uns festen Halt.	
5. Mit Wasser wird getauft. Das ist ein Zeichen, dass bei der Taufe abgewaschen wird, was uns von Gott trennt. Das Wasser der Taufe ist auch ein Zeichen für das Leben: Ohne Wasser gibt es kein Leben.	
6. Das Kreuz ist das Zeichen der Christen, weil Jesus für uns gekreuzigt wurde. Wenn der Pastor bei der Taufe dies Zeichen über dem Täufling in die Luft zeichnet, bedeutet das: Du gehörst zu Gott.	
7. Als Jesus getauft wurde, so erzählt die Bibel, kam eine Taube vom Himmel herab. Sie ist ein Zeichen für Gottes guten Geist. Die Taufe bedeutet, dass Gottes Geist mit uns geht.	
8. Den Regenbogen hat Gott nach der Sintflut an den Himmel gezeichnet als Versprechen für die Menschen, dass er die Erde bewahren wird. Auf der Taufkerze ist er ein Zeichen für Gottes Treue zu uns.	

4. Licht

In der Bibel spielt das Symbol des Lichtes eine besondere Rolle:

- Das Erste, was Gott erschafft, ist das Licht.
- Jesus sagt von sich: Ich bin das Licht der Welt.
- Jesus sagt über die Menschen, die ihm nachfolgen: Ihr seid das Licht der Welt.

Auch im alltäglichen Leben spielt das Licht eine entscheidende Rolle: Ohne das Sonnenlicht gäbe es kein Leben. Aber auch das kleine Licht einer Kerze gibt Orientierung, Hoffnung, Wärme.

Bei der Taufe ist die Taufkerze das Symbol für das Licht. Im Gottesdienst in der Osternacht wird die große Osterkerze in die dunkle Kirche getragen. Sie ist Zeichen für das Licht, das mit der Auferstehung Jesu in die Welt kommt.

Die Taufe verbindet uns mit Tod und Auferstehung Jesu. Bei einer Taufe wird an der Osterkerze die Taufkerze angezündet, die wir den Kindern mitgeben.

Sie brauchen ...

Geschichte „Was Menschen brauchen", Papierstreifen, Christuskerze, Teelichter, Arbeitsblatt „Dunkel – Hell"

Verlauf

Geschichte	„Was Menschen brauchen" wird erzählt.
Gespräch	Es wird überlegt: „Wozu brauchen Menschen Licht?" Ergebnisse werden gesammelt.
Aktion	Papierstreifen mit Johannes 8,12 (Jesus sagt: „Ich bin das Licht der Welt") wird auf den Tisch gelegt. Was meint Jesus damit wohl? Was bedeutet das Licht, das Jesus für die Menschen bringt? – Papierstreifen mit Matthäus 5,14 (Jesus sagt: „Ihr seid das Licht der Welt") wird auf den Tisch gelegt. Dazu ein Teelicht für jeden. Wen meint Jesus? Was will er damit sagen? Wie können wir Licht für andere sein?
Gespräch, evtl. HA	Arbeitsblatt „Dunkel – Hell". Gespräch: In beiden Geschichten wird ein Mensch zum Licht für andere ... – erläutere und vergleiche.

Geschichte

Was Menschen brauchen

1. Ein König hatte zwei Söhne. Er war alt und spürte, dass sein Tod nahe bevorstand. Er hatte die Menschen in seinem Land lieb gewonnen und wusste nicht, welcher seiner Söhne der beste Nachfolger sei. Eines Morgens versammelte er die Weisen seines Landes und rief die beiden Söhne herbei. Und jedem gab er fünf Silberlinge und sprach: „Für dieses Geld sollt ihr die große Eingangshalle in unserm Schloss bis zum Abend füllen. Womit, das entscheidet ihr.“ – Die Weisen nickten und sagten: „Das ist eine gute Aufgabe.“

2. Der älteste Sohn ging davon und kam an einem Feld vorbei, wo die Arbeiter dabei waren, das Zuckerrohr zu ernten und in einer Mühle auszupressen. Das ausgepresste Zuckerrohr lag nutzlos herum. – Er dachte sich: „Das ist eine gute Gelegenheit, mit diesem nutzlosen Zeug die Halle meines Vaters zu füllen. Nachher werde ich es auf einem großen Haufen verbrennen. Alle sollen sehen, wer jetzt das Sagen hat!“

3. Mit dem Aufseher der Arbeiter wurde er einig, und sie schafften bis zum späten Nachmittag das ausgedroschene Zuckerrohr in die Halle. Als sie aufgefüllt war, ging er zu seinem Vater und sagte: „Ich habe deine Aufgabe erfüllt. Auf meinen Bruder brauchst du nicht mehr zu warten. Mach mich zu deinem Nachfolger.“ Der Vater antwortete: „Es ist noch nicht Abend. Ich werde auf deinen Bruder warten.“

4. Bald darauf, die Sonne senkte sich schon über die Zinnen des Schlosses, kam auch der jüngere Sohn. Sofort ließ er das ausgedroschene Zuckerrohr wieder aus der Halle tragen. Endlich, als die Dunkelheit hereinbrach, war das letzte Stroh aus dem Tor gefegt. Sogleich ging der Sohn in die dunkle Halle. Mitten hinein stellte er eine Kerze und zündete sie an. Und der Schein der kleinen Kerze füllte die Halle bis zum letzten Winkel. Alle waren ganz still geworden und schauten sich an. In ihren Augen spiegelte sich der warme Schein der Kerze.

5. Der Vater ging zu seinem jüngeren Sohn, umarmte ihn und sprach: „Du sollst mein Nachfolger sein. Dein Bruder hat fünf Silberstücke vergeudet, und hat die Halle mit nutzlosem Zeug gefüllt. Du hast nicht einmal ein Silberstück gebraucht und hast sie mit Wärme und Licht erfüllt. Du hast sie mit dem erfüllt, was die Menschen brauchen.“

Arbeitsblatt

Dunkel – Hell

Bartimäus

Jesus war mit seinen Jüngern in der Stadt Jericho. Als sie weiter zogen, ging eine große Menschenmenge mit ihnen. Da saß ein blinder Mann am Straßenrand. Er bettelte. Es war Bartimäus, der Sohn des Timäus. Als er hörte, dass Jesus vorbei kam, rief er ganz laut: „Jesus, Sohn Davids! Hab doch Erbarmen mit mir!“

Die Leute wollten ihn zur Ruhe bringen, aber er schrie immer lauter. „Sohn Davids erbarm dich über mich!“

Jesus blieb stehen und sagte: „Ruft ihn her!“ Da gingen sie hin und sagten zu Bartimäus: „Jesus ruft dich, steht auf!“ Der Blinde sprang auf, warf den Mantel ab und kam zu Jesus.

„Was soll ich für dich tun?“, fragte Jesus. Der Blinde sagte: „Herr, ich möchte wieder sehen können!“ Jesus antwortete: „Geh, dein Vertrauen hat dir geholfen!“ In dem Moment konnte er sehen. Er folgte Jesus auf seinem Weg.

Martin und der Bettler

Martin war Soldat. An einem kalten Winterabend war er auf seinem Pferd unterwegs. Er war froh, dass er seinen warmen Mantel angezogen hatte.

An diesem Abend war noch ein anderer unterwegs. Es war ein Bettler, der kein Zuhause hatte. Er hatte nur dünne Lumpen an und fror in der eisigen Kälte. Er suchte Zuflucht vor dem kalten Wind. Da hörte er Pferdegetrappel. Es war Martin auf seinem Pferd, der an dem Bettler vorbeiritt.

Martin sah die Gestalt und merkte, dass es ein Bettler war. Er hielt an, und als er den Bettler so furchtbar frieren sah, zog er seinen schönen warmen Mantel aus und zerteilte ihn mit seinem Schwert in zwei Teile. „Damit du nicht mehr frieren musst!“, sagte er und gab dem Bettler die eine Hälfte des Mantels, zog die andere Hälfte wieder an und schwang sich auf sein Pferd. Der Bettler war ganz erstaunt: „Der Fremde teilt mit mir seinen Mantel, als ob er mein Bruder wäre!“

Hausaufgabe

Male für beide Geschichten je ein Zeichen, an dem du dir merken kannst, was da geschehen ist.

5. Wasser

Das Wasser ist das Zeichen der Taufe. In den Reinigungsgeboten der Bibel begegnet uns die reinigende Kraft des Wassers. Auch die Taufe Johannes des Täufers geschah zur Reinigung von den Sünden. Paulus verbindet im Römerbrief (Kap. 6) das Symbol des Untertauchens und Wiederauftauchens mit Tod und Auferstehung Jesu Christi.

Sie brauchen ...

Erzählvorschlag „Wassergeschichte“, blauer Tonkarton, Schüssel und Krug, Bildblatt „Das Wasser der Taufe“

Verlauf

Einstieg	In die Mitte des Tisches wird ein rundes Stück blauer Tonkarton gelegt. Eine leere Glasschale und ein mit Wasser gefüllter Glaskrug werden auf das blaue Papier gestellt. Ein Kind nach dem andern darf ein wenig Wasser hineingießen.
Aktion	„Wir wollen versuchen, still zu werden, so wie das Wasser in der Schüssel zur Ruhe kommt." Wenn alle still sind: „Weckt einander reihum, indem ihr euerm Nachbarn einen Wassertropfen auf die Hand tropft." Alle schließen die Augen. Ein Kind beginnt. Wenn ein Kind das Wasser spürt, darf es die Augen öffnen und das nächste Kind „wecken". Evtl. ruhige Musik dazu.
Geschichte	Die „Wassergeschichte" wird vorgelesen.
Aktion	Auf blauen Tonkarton in Form eines Tropfens wird geschrieben, wofür Wasser gut ist. Auf blauen Tonkarton in Form einer Welle wird geschrieben, wann Wasser bedrohlich ist.
Gespräch, evtl. HA	Anhand des Bildblattes wird gemeinsam überlegt, wofür das Wasser bei der Taufe ein Zeichen ist. Das Blatt wird ausgefüllt.

Geschichte

Die Wassergeschichte

1. Die Mutter sieht mit Tim das Fotoalbum von Leos Taufe an. „Sieh mal, da schüttet der Pastor dem Leo das Wasser über den Kopf", sagt die Mutter. „Sag mal, das mit dem Wasser bei der Taufe, hat sich das der Jesus ausgedacht?", fragt Tim. „Wasser ist etwas ganz Wichtiges", antwortet die Mutter. „Das haben die Menschen schon immer gewusst." Dann holt sie die große Kinderbibel und schlägt sie auf.

2. Ein großes Bild zeigt Adam und Eva, die Gott in einen prächtigen Garten gesetzt hat. Mitten im Garten entspringt ein Fluss. „Von Anfang an hat Gott den Menschen das Wasser gegeben. Es ist wichtig für Menschen, Tiere und Pflanzen zum Leben. Und sieh mal hier."

3. „Die Arche Noah!", ruft Tim. „Gott hat Noah die Arche bauen lassen, damit sie ihn und seine Familie und all die Tiere über das Wasser trägt."

4. Sie blättern weiter. Wieder ist ein Wasserbild zu sehen. Im Schilf am Rand eines Flusses schwimmt ein Korb. „Was für eine Geschichte ist das?", fragt Tim. „Das ist die Geschichte von Mose. Sein Volk lebte vor vielen tausend Jahren in Ägypten. Sie waren dort Ausländer. Die Regierung wollte alle ausländischen Jungen töten. Die Mutter des kleinen Mose wollte ihr neugeborenes Kind retten. Aus Schilf hatte sie einen kleinen Korb geflochten. In dem setzte sie ihr Kind auf das Wasser. Das Wasser trug das Körbchen zu einer Badestelle. Die Tochter des Königs und ihre Dienerinnen badeten dort. Sie hörten leises Weinen und entdeckten das Körbchen. Als sie es öffneten, fanden sie das Kind. Sie beschlossen für das Kind zu sorgen und nannten es Mose, das heißt ‚Aus dem Wasser gezogen'."

5. „Und, was ist aus Mose geworden?" fragt Tim. „Aus ihm ist ein Mann geworden. Er erlebte, dass sein Volk immer noch gequält wurde. Sie mussten schwere Lasten tragen und wurden geprügelt. Mose sagte zu den Menschen seines Volkes: ‚Ich weiß, dass Gott uns befreien wird. Er will uns unser eigenes Land schenken.' Sie aber sagten: ‚Wir können nicht fliehen! Wie sollen wir durch das Wasser kommen, das dieses Land begrenzt?' Mose antwortete ihnen: ‚Gott hat gesagt: Fürchte dich nicht. Ich erlöse dich. Wenn du durchs Wasser musst, will ich bei dir sein, dass dich die Fluten nicht ertränken.'"

6. Auf einem Bild ist zu sehen, wie sich ein Meer teilt und Menschen hindurchziehen. „So hat Gott das Volk des Mose gerettet. Aber als sie durchs Wasser gezogen waren, kamen sie mitten in eine Wüste. Sie seufzten: ‚Wenn wir nicht bald Wasser bekommen, dann werden wir ertrinken.' Da schlug Mose mit seinem Stab an einen Felsen und es sprudelte frisches Wasser hervor. Die durstigen Menschen tranken das Lebenswasser in vollen Zügen. Lange Jahre wanderten sie durch die Wüste. Eines Tages standen sie auf einem Berg. Als sie hinunterblickten, sahen sie ein wunderbares, fruchtbares Land.

Zwischen den Feldern, Weiden und Weinbergen flossen Bäche mit frischem Wasser. Mose sagte: ‚Das ist das Land, das Gott uns schenken will.' Und so kamen sie in das Land Israel, das Land, in dem viele Jahrhunderte später Jesus geboren wurde.

7. Jesus wusste, was seine Vorfahren alles mit dem Wasser erlebt hatten: Gott hatte sie durch das Wasser geführt, das Wasser hatte sie getragen und vor dem Tod gerettet. Das Wasser war für die Menschen Lebenswasser Gottes. Jesus wollte, dass alle Menschen das erfahren. Darum gab er ihnen den Auftrag, Große und Kleine mit Wasser zu taufen."

8. „Dann ist also auch Leo mit echtem Lebenswasser getauft worden", sagt Tim. „Wenn er groß ist, sollst du ihm auch die Geschichten vom Wasser erzählen."

Gespräch

Was für eine Rolle spielt Wasser ...

Im Paradies?	Wenn ich wandere?
Bei Noah?	Wenn ich Topfblumen pflege?
Bei Mose?	Wenn ich zelte?
Für das Volk Israel?	Wenn ich vom Fußballspiel komme?

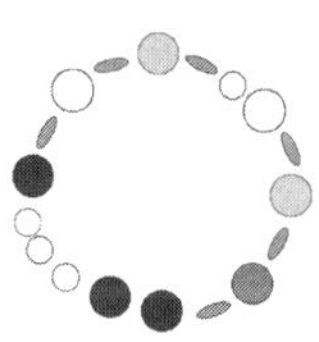

6 Perlen am Perlenband des Glaubens sind rein weiß oder permuttweiß: Die Tauf- und die Ich-Perle, drei Geheimnisperlen und die Perle der Auferstehung.

Gott, guter Vater im Himmel,

wer bin ich? Weißt du, wer ich bin?
Du hast mich bei meinem Namen gerufen. Du weißt es.
Wer bist du? Das ist ein Geheimnis.
Was wird aus mir werden? Das ist auch ein Geheimnis.
Warum leben wir auf der Erde? Noch ein Geheimnis.
Das größte Geheimnis ist, dass du uns liebst.
Du hast uns Jesus geschenkt, unseren Bruder.
Und hast ihn uns wiedergeschenkt, als er schon tot war.
Dafür danken wir dir. Amen

Arbeitsblatt

Das Wasser der Taufe – ein wirksames Zeichen Gottes

Wie das Wasser
den Körper von Staub und
Schweiß reinigt,

so will Gott uns reinigen
von der Schuld.

Wie das Wasser
den Boden befeuchtet
und Pflanzen wachsen lässt,

so brauchen wir Gott zum Leben.

Wie das Wasser
Schiffe trägt, die auf ihm
schwimmen,

so trägt Gott uns.

Male Zeichen für Gottes reinigende, nährende, tragende Kraft.

Kirchenjahr

Stichwort: Kirchenjahr

Diese Stunde soll den Kindern einen Überblick über die verschiedenen Zeiten des Kirchenjahres geben sowie über die Bedeutung der kirchlichen Feste. Das Kirchenjahr beginnt am 1. Advent und endet mit der Woche nach dem Ewigkeitssonntag.

Das Kirchenjahr ist wie ein Steuerrad

Sie brauchen ...

Textstreifen „Zwölf Stationen", Arbeitsblatt „Kirchenjahres-Rad", evtl. das Lösungsblatt, die Symbole zu den Festen zum Ausschneiden (S. 33), Schere und Klebstoff.

Verlauf

Einstieg	Wann beginnt ein neues Jahr? – Kirchenjahr – was ist das? – Mit welcher Form kann man ein Jahr/das Kirchenjahr darstellen? „Das Jahr der Kirche fängt nicht am 1. Januar an, sondern am 1. Advent. Wir wollen die Zeiten und Feste des Kirchenjahres entlanggehen und hören, was sie bedeuten."
Aktion	Im Raum sind die Karten der einzelnen Kirchenjahreszeiten und Feste verteilt – auf 12 Stationen (Stühlen) im Uhrzeigersinn. Die Kinder wandern zu zweit von Station zu Station, lesen die Karten, machen sich Notizen.
Stillarbeit	Die Arbeitsmaterialien werden ausgeteilt, die Aufgabenstellung wird besprochen. Die Aufgabe wird in Partnerarbeit gelöst. Anhand des Kontrollblattes können die Kinder ihre Ergebnisse überprüfen.

Feste

Die wichtigsten Feste im Judentum	*Die wichtigsten Feste im Islam*
Passa, Schawuot, Laubhüttenfest, Chanukka – vergegenwärtigen die Geschichte des Volkes Israel mit seinem Gott. Die Feste haben keine festen Daten, sondern wandern im Jahr wie das Osterfest.	Ramadan, Zuckerfest, Opferfest – begleiten und ordnen das Jahr der Gläubigen; so ist Ramadan der heilige Fastenmonat, das Zuckerfest sein fröhliches Ende. Die Feste werden nach dem islamischen Mondkalender berechnet.

12 Stationen

Advent	In der Adventszeit denken wir daran, dass Jesus als ein Licht in die dunkle Welt gekommen ist. Als Zeichen, dass wir auf ihn warten, zünden wir Kerzen an. Jede Woche eine mehr.

Weihnachten	Weihnachten feiern wir die Geburt Jesu im Stall in der Krippe.

Epiphanias	„Epiphanias" heißt Erscheinung. Wir denken daran, dass der Stern den Weisen im Morgenland erschienen ist. Er hat ihnen den Weg zum Stall gezeigt. Das Epiphaniasfest ist immer am 6. Januar.

Passion Gründonnerstag Karfreitag	Die Passionszeit erinnert daran, dass Jesus leiden musste. Es gibt zwei besondere Tage: Jesus feierte das letzte Abendmahl mit seinen Jüngern; daran erinnert der Gründonnerstag. Am Karfreitag wurde er gekreuzigt.

Ostern	Am Sonntag nach seiner Kreuzigung hörten Frauen, dass Jesus auferstanden ist vom Tod, dass er lebt. Das gibt den Menschen Hoffnung, dass mit dem Tod nicht alles vorbei ist.

Himmelfahrt	40 Tage nach Ostern kommt das Himmelfahrtsfest. Seine Botschaft ist: Jesus Christus ist bei Gott, seinem Vater, im Himmel, er herrscht über die ganze Welt. Sein Kreuz steht auf der Weltkugel.

Pfingsten	Auch wenn Jesus bei Gott ist, hat er die Welt nicht allein gelassen. An Pfingsten hat er seinen Jüngern die Kraft des Heiligen Geistes gegeben, damit sie die gute Nachricht von Gott weitersagen. Wisst ihr noch, wie der Heilige Geist bei der Taufe dargestellt wird?

Trinitatis	Nach Pfingsten beginnt die lange Trinitatiszeit. „Trinitas" heißt „Dreieinigkeit". Christen kennen drei Seiten Gottes: Gott, den Vater und Schöpfer/Jesus Christus/die Kraft Gottes, den Heiligen Geist. (Welche Form könnte zeigen, dass eine Sache drei Seiten hat?)

Erntedankfest	Am Erntedankfest danken wir Gott für die Ernte. Dafür, dass er uns genug zum Leben gibt.

Reformationstag	Am Reformationstag am 31. Oktober erinnern wir uns an die Erneuerung der Kirche durch Martin Luther. Er hat die Bibel ins Deutsche übersetzt. Welches Zeichen könnte also auf das Reformationsfest hinweisen?

Buß- und Bettag	Auch wenn Gott die Menschen liebt, findet er nicht alles gut, was sie tun. (Überlegt mal, was Gott wohl gefällt und was nicht.) Gott erwartet von uns, dass wir achtsam handeln. Daran denken wir am Buß- und Bettag.

Ewigkeitssonntag	Der letzte Sonntag im Kirchenjahr ist der Ewigkeitssonntag. Er erinnert uns daran, dass mit unserem Tod nicht alles vorbei ist. Als Christen hoffen wir auf Gottes Ewigkeit.

Arbeitsblatt

Das Kirchenjahressteuerrad (zum Fertigstellen)

Klebe die passenden Symbole auf (oder male sie) und schreibe den Namen des Festes daneben, wo er fehlt.

Advent

Ewigkeitssonntag

Epiphanias

Karfreitag

Erntedankfest

Pfingsten

Arbeitsblatt

Das Kirchenjahressteuerrad (Lösungsblatt)

Vergleiche deine Lösung mit dieser:

Advent und Weihnachten

© Mirella Fortunato

Stichwort: Advent und Weihnachten

Die Einheit zum Thema „Advent und Weihnachten“ beginnt mit einer Gesamtgruppenstunde. Diese wird mit dem Film „Advent“ gestaltet. (Wir feiern Feste/„Advent“; FWU 1982).

In dem Film geht es darum, dass die Menschen auf den Messias, den Sohn Gottes, warten. Sie hatten unterschiedliche Vorstellungen vom Messias:

- ein starker Held, der die Römer besiegt;
- ein frommer Mann, der alle Gebote einhält;
- einer, der auch für die Armen da ist.

Maria sagt schließlich: „Der Messias kommt ganz anders: Er kommt als Kind.“

1. Vorfreude

Sie brauchen ...

Begriffskarten, z.B.: „Kerzen“, „Backen“, „Weihnachtsduft“, „Alles so geheimnisvoll“, „Tannenbaum“, „Spielen mit den Eltern“, „Großeltern besuchen“, „Zeit haben“, „Glockenläuten“, „Geschenke“, „Das Dunkel wird hell“, „Gottesdienst“, „Das Weihnachtszimmer“, „Keine Angst mehr“, „Weihnachtsstern“, „Lieder singen“ sowie einige Blanko-Karten für noch fehlende „Weihnachtswörter“.

Verlauf

Lied	Adventslied
Aktion	Karten (Tonkarton) mit Begriffen zu „Weihnachten" werden auf den Boden oder auf den Tisch gelegt. Aufgabe: „Welche drei Begriffe sind für euch an Weihnachten am wichtigsten?" (Während die Kinder überlegen oder herumgehen, läuft leise Musik). Dann beginnt ein Kind, nimmt sich drei Karten und begründet, warum es sie ausgewählt hat. Das Nächste nimmt sich ebenfalls drei Begriffe (auch die vom vorhergehenden Kind dürfen genommen werden).
Vertiefung	„Welche Karten drücken aus, warum Jesus geboren wurde?" („Das Dunkel wird hell" und „Keine Angst mehr"); die übrigen Karten werden diesen beiden möglichst zugeordnet.
Stillarbeit	Jedes Kind erhält einen „Weihnachtsrahmen" (S. 39) und schreibt auf: „Ich freue mich auf Weihnachten, weil ..."

2. Advent feiern

Gestalten Sie eine feierliche Adventsstunde, so wie es Ihnen und Ihrer Gruppe gefällt: Vielleicht wird gebacken, vielleicht gebastelt – genascht und gesungen gewiss. Aus Vorfreude wird Freude – dazu passt der Erzählvorschlag.

Geschichte

Drei weise Männer aus dem Osten, wo Abraham einst aufbrach, entdeckten einen neuen Stern. So hell und schön stand er am Firmament, dass sie ihn nicht vergessen konnten. Sie glaubten fest, dass er sie rief, und suchten in den alten Schriften, um seinen Namen zu erfahren. „Der Stern des großen, guten Königs, der alles richten wird", las Melchior den beiden andren vor. „Das muss er sein, das ist sein Name. Der Stern ist aufgegangen. Das heißt: Der König ist geboren."

„Den will ich sehen", rief Balthasar. „Ich hoffe, er ist anders als die andern, die sich in dieser Welt mit Thron und Krone zieren!" „Den muss ich sehen", sprach Kaspar. „Vielleicht, dass man ihn gnädig stimmen kann, wenn man ihm kostbare Geschenke bringt."

„Den säh ich gern", sprach Melchior. „Mir scheint, es könnte sein, dass dieser neue König Antwort weiß auf alles, was wir nie zu fragen wagen." Die beiden andern tauschten einen Blick, der sagte: „Wir verstehen dich nicht." Doch einig waren sie sich alle drei zu reisen und dem Stern zu folgen.

Der Stern ging stets vor ihnen her, bis sie Jerusalem erreichten. „Dieses Land", sprach Kaspar, „regiert auf Roms Befehl Herodes. Zu ihm, denk ich, hat uns der Stern geführt. Vielleicht ist ihm ein Prinz geboren! Wir können ja mal fragen ..." Die Freunde klangen nicht begeistert und Melchior sprach zu sich selbst: „Das wäre aber schade."

König Herodes saß auf seinem Thron und blickte gierig auf die Schätze, welche die Weisen mit sich führten. „Ihr bringt mir Grüße aus dem Orient?", fragte er stolz und scheinbar freundlich. „Das auch", entgegnete ihm Kaspar. „Vor allem wollen wir den neuen König sehen. Wir eilten von weither, um als die Ersten Glück zu wünschen und uns vor ihm zu neigen."

„Ein neuer König?" Herodes fing zu stottern an. „Wer soll das sein? Was fällt euch ein? König bin ich! Und außer mir sonst keiner!" Balthasar sah fröhlich aus, als Herodes so verwirrt war. „Dann hast du keinen neugebornen Sohn?", sprach er und lachte laut. „Dann müssen wir es anderswo versuchen", rief Melchior. „Das hab ich schon geahnt! Der neue König muss ganz anders sein als du und jeder König dieser Welt!"

„Wie", stammelte Herodes, „wie kommt ihr drauf, dass da ein neuer König zur Welt gekommen ist?" – „Wir entdeckten einen neuen Stern", erzählte Kaspar. „So hell und schön stand er am Firmament, dass wir ihn nicht vergessen konnten. Wir fanden in den alten Schriften seinen Namen: Der Stern des großen, guten Königs, der alles richten wird. Der Stern ist aufgegangen. Das heißt: Der König ist geboren."

Herodes wurde blass und rot und alles durcheinander. „Wenn ihr ihn findet", bat er dringlich, „kommt wieder und berichtet mir von ihm. Auch ich will ihn dann ehren."

Als Kaspar, Melchior und Balthasar dann später weiter zogen, da lachten sie und sahen sich an. „Wir haben ihn erschreckt! Er will gewiss dem Kind nichts Gutes tun, er wird es töten wollen!“

Und insgeheim gelobten sie Herodes nichts zu sagen: „Wenn wir das Kind gesehen haben, so ziehn wir schweigend heim.“ Da war es, als wenn Engel nickten: „Ja, so soll's sein. So ist es Gottes Wille.“

Auf einmal stand der Stern vor ihnen still. Sie waren nah bei Bethlehem. „Wir sind gleich da“, flüsterte Kaspar. Er zügelte das Tier, auf dem er ritt. „Was ist denn? Warum hältst du an?“, fragte verwundert Balthasar. „Ich habe plötzlich schrecklich Angst“, sprach Kaspar, sehr verlegen. „Ein König, der ein Richter ist – der könnte mich vernichten!“

Da hielt auch Balthasar sein Tier zurück. Die Hände zitterten. „Und wenn er gar so mächtig ist, er könnte uns, versehentlich, mit einem Augenzwinkern töten!“ – „Ich glaube nicht“, sprach Melchior. „Auch wenn ich keine Ahnung hab, was ich wohl glauben sollte – ich glaube nicht, dass seine Größe mit blinder Macht zu tun hat, mit Gewalt. Und schließlich: Er ist gerade erst geboren. Glaubt mir, wir können's wagen.“

Was sie im Schein des Sterns in Bethlehem dann fanden, war ein schlichtes Haus und darin eine Mutter. Sie trug nicht Samt noch Seide und hatte keinen Schmuck, doch Glanz auf dem Gesicht vor Freude. „Oh, welch ein Wunder ist ein Kind!“, sprach sie und küsste ihren Sohn.

Josef, der Zimmermann, empfing die fremden Gäste. „Und dieses Kind wird König sein?“, sprach Balthasar mit Staunen. „Ja“, sagte Josef schlicht, „gewiss. In meinem Herzen ist er König. Und Gott sagt: auch in seinem.“

Das Kind sah aus wie jedes neugeborne Kind. Schwach, wehrlos und vertrauensvoll streckte es die Arme nach dem Leben aus. Und bat nur: Habt mich lieb!

„Ein Kind wie alle Kinder“, sprach Kaspar, sehr erleichtert. Balthasar nickte. Und doch war er ein wenig auch enttäuscht. Warum der Stern, die Engel und die weite Reise – wenn dies ein Kind wie alle wär?

Melchior blieb einfach knien. „Das Wunder des Lebens, jetzt hab ich's erkannt.“ Maria, die Mutter Jesu, blickte ihn fragend an. „Sag es mir, hoher Herr!“ – „Alles, Maria, was zählt im Leben“, sprach Melchior, „ist so wie Mutter und Kind: Vertrauen bei ihm, Erbarmen bei ihr, dazwischen als Band die Liebe. Wir suchten den König und fanden ihn und finden ihn wieder in jedem Kindergesicht und in den Augen jeder Mutter.“

Martina Steinkühler, nach Mt 2,1-12

Jesus Christus

Stichwort: Jesus Christus und das Christentum

Jesus von Nazaret hat vor ungefähr 2000 Jahren im Land Palästina gelebt und gewirkt. In den wenigen Jahren seines öffentlichen Auftretens hat er bei vielen Menschen einen bleibenden Eindruck hinterlassen: Er predigte und heilte; er verkündete den Gott seines Volkes, der Juden, neu – den liebenden Vater, der sein Volk und jeden Einzelnen sieht, achtet und wert hält. Gerade die Kleinen und Schwachen, die Elenden und Verlorenen hat Jesus im Blick – im Namen Gottes, den er Vater nannte.

Die vollmächtige Predigt Jesu beunruhigte die Priesterschaft; die Bewegung, die von Jesus ausging, war für die römischen Besatzer gefährlich nahe am Aufstand. Und dann war immer wieder die Rede vom „Christus“ (Messias), vom Gesalbten, einem zweiten David, der das Volk Israel befreien und Gerechtigkeit und Frieden durchsetzen werde.

Dieser „Christus“ wurde verklagt und von der römischen Verwaltung hingerichtet. Kreuzigung war die Todesstrafe für Schwerverbrecher. Dass Jesus sich nicht wehrte, sondern für das, was er gesagt und getan hatte, einstand bis zum Schluss, das macht ihn glaubwürdig und Menschen – bis heute – nachdenklich.

Die Osterbotschaft lautet: Das Kreuz war nicht das Ende, sondern der Anfang. Christus ist auferstanden. Er lebt. Mit ihm ist Gottes Reich angebrochen. Seither gibt es Christen, überall in der Welt. Christen folgen seinem Weg der Gewaltlosigkeit, der Rücksicht auf die Schwachen, Kleinen, Leisen. Sie werden getauft auf seinen Namen – all die Christinas und Christians, aber auch Tim und Nele, Max, Mia und Clarissa.

Der Messias und sein Friedensreich

Die Juden erwarten noch heute die Ankunft des Messias – eines auserwählten Königs, gesalbt wie einst David, der größte König Israels. Gott selbst wählte ihn aus, um die Stämme Israels zu einen, ein starkes Reich zu gründen und zu regieren – gerecht und geduldig und mit Ehrfurcht vor Gott. So wird nach der Erwartung der Juden auch der Messias sein, zugleich aber „mehr“ in jeder Beziehung: Ewig wird seine Herrschaft sein, weltweit, überwältigend seine Gerechtigkeit, übernatürlich sein Frieden.

Christen haben die Messias-Prophezeiungen des Alten Testaments auf Jesus von Nazaret gedeutet, z.B. Jesaja 9,1+5f.:

Das Volk, das im Finstern wandelt, sieht ein großes Licht, und über denen, die da wohnen im finstern Lande, scheint es hell. (...) Denn uns ist ein Kind geboren, ein Sohn ist uns gegeben, und die Herrschaft ruht auf seiner Schulter; und er heißt Wunder-Rat, Gott-Held, Ewig-Vater, Friede-Fürst; auf dass seine Herrschaft groß werde und des Friedens kein Ende auf dem Thron Davids und in seinem Königreich, dass er's stärke und stütze durch Recht und Gerechtigkeit von nun an bis in Ewigkeit.

1. Christina und Christian

Die Einheit zum Thema „Jesus Christus“ beginnt mit einer Bestandsaufnahme: Warum heißen Christen Christen? Welche „Christus“-haltigen Namen gibt es? Was heißt eigentlich „Christus“? Warum ist Jesus Christus für den christlichen Glauben so wichtig?

Sie brauchen ...

Namenskärtchen (Kopiervorlage); Namens-Lexika oder Zugang zu einem digitalen Namensverzeichnis (www.kunigunde.ch), Schulatlas, Zeitschriften, Prospekte, Arbeitsblatt „Christus ist ein Ehrentitel“

Verlauf

Lied	Zum Beispiel: „Gott liebt diese Welt“
Einstieg	Die Kinder betrachten die Namenskärtchen, wählen eines aus oder losen. Sie nennen den Namen und seine Herkunft. Die Kinder erzählen, was sie über ihren eigenen Namen wissen. Anschlussfrage: Woher kommen Namen wie Christa, Christine, Christian? – Sie sind Christen, gehören zu Christus, sind auf Christus getauft.
Vertiefung	Anhand einer Karte der Verteilung der Weltreligionen wird nachgesehen: Wo gibt es überall Christen? Weiter: Was haben Christen gemeinsam? Woran sind sie zu erkennen? Woran erkennt man ein christliches Land, eine christliche Stadt, einen christlichen Gottesdienst? – Die Kinder halten das Ergebnis des Gesprächs fest, indem sie zum Stichwort „christlich“ zeichnen und/oder collagieren.
Partner-arbeit	„Christus ist ein Ehrentitel für Jesus“ – Die Kinder bearbeiten das Arbeitsblatt.

Die Perlen erinnern an Stationen in Jesu Leben. Du kannst das Perlenband als „Vergissmeinnicht“ verwenden: Gottes Sohn kommt zur Welt (Weihnachten) – wächst heran – sucht seinen Weg – wird getauft (Taufe) – geht in die Wüste – widersteht dem Versucher – gibt vielfach Liebe – wird verklärt – betet in der Nacht von Gethsemane, stirbt, wird begraben (Karfreitag) – wird auferweckt am dritten Tag (Ostern) – kehrt zu seinem Vater zurück, sitzt zur Rechten Gottes (Himmelfahrt, Pfingsten).

Namenskärtchen

Felix	lateinisch: der Glückliche	Renate	lateinisch: die Wiedergeborene
Beate	lateinisch: die Glückliche	Magnus	lateinisch: der Große
Benjamin	hebräisch: Glückskind	Paula	lateinisch: die Kleine
Angelika	Griechisch: die Engelsgleiche	Katharina	Griechisch: die Reine
Martin	Lateinisch: gehört zu Kriegsgott Mars	Julia	Lateinisch: gehört zum Geschlecht der Julier
Klara	Lateinisch: die Helle	Roman	Lateinisch: gehört nach Rom
Adam	Hebräisch: gehört zur Erde	Jonatan	Hebräisch: Geschenk von Gott

Arbeitsblatt

Christus ist ein Ehrentitel

... und es gibt auch noch andere. Ordne den Namen ihre Bedeutung zu. Wenn du alles richtig machst, erhältst du ein Lösungswort.

Namen für Jesus	Was diese Namen bedeuten
1 Jesus sagt von sich: „Ich bin der **Weg**, die Wahrheit und das Leben; niemand kommt zum Vater denn durch mich." Johannes 14,6	**E** So nennt man Könige. Wenn wir Jesus so nennen, meinen wir den Auferstandenen. Wir glauben, dass er mächtiger, gütiger und gerechter ist als jeder Herrscher auf der Welt.
2 Petrus sagt zu Jesus: „Du bist **Christus**, des lebendigen Gottes **Sohn**." Matthäus 16,16	**J** Zwischen Gott und den Menschen ist ein großer Abstand. Zu Fuß kann man da nicht hinkommen, auch nicht im Traum. Aber durch Jesus, da geht es.
3 Der alte Simeon sagt, als er das Jesus-Kind sieht: „Meine Augen haben den **Heiland** gesehen." Lukas 2,30	**F** Für Kinder dreht sich zu Weihnachten alles um das Kind in der Krippe. Die Großen nennen es Jesus. Oder auch Christus – kurz ... ?
4 Christen sagen: „Wir glauben ... an Jesus Christus, Gottes eingeborenen Sohn, unsern **Herrn**."	**O** Der zweite Titel betont die besondere Vertrautheit Jesu mit Gott; der erste Titel drückt große Hoffnung aus: Da kommt ein gerechter Friedenskönig.
5 Die kleine Paula betrachtet mit ihrer Mutter eine Weihnachtskrippe: „Das ist das **Christkind**", sagt sie.	**S** Ein anderes Wort für „Heiler" – es sagt aus, dass Jesus in unvergleichlicher Weise Menschen heilen, trösten und ihnen Mut machen kann.

Jesu leiblicher Vater ist __ __ __ __ __ .

2. Jesus wird getauft

Die Taufe Jesu schließt sich bei Matthäus (Mt 3,13–17) an die Geburtsgeschichten Jesu an. Danach beginnt das Wirken Jesu. Die Taufe ist seine Beauftragung und Ermächtigung durch Gottes Geist. Das erzählt die Geschichte in einem Bild: Gottes Geist kommt wie eine Taube auf ihn herab. Gottes Stimme („Dies ist mein lieber Sohn ...") sagt, dass Jesus der ist, durch den Gott nun handelt.

Johannes der Täufer ist Vorbote und Wegbereiter Jesu. Er lebt in der Wüste als „Stimme Gottes", das heißt als Prophet. Er ruft zur Umkehr, die durch die einmalige Taufe bekräftigt wird. Es kamen viele Menschen zu ihm hinaus in die Wüste zwischen Jerusalem und dem Toten Meer, um seine Predigt zu hören und um sich taufen zu lassen. Die Taufe wurde als „Ganztaufe" durch Untertauchen im Jordan vollzogen. Unter den Menschen befand sich eines Tages auch Jesus. Auch er wollte sich taufen lassen. Johannes wollte ihn zurückweisen, weil er sich nicht für würdig hielt, Jesus zu taufen. Doch Jesus bestand darauf, von ihm getauft zu werden.

Sie brauchen ...

Tonkarton (braun, grün), Krepp-Papier (blau), Kerze, kleiner Krug mit Wasser, Erzählvorschlag, Legematerialien (Naturmaterialien, Murmeln ...)

Verlauf

Lied	EG 312: „Kam einst zum Ufer"
Einstieg	„Wir machen heute zusammen eine Reise in ein fremdes Land. Es ist keine wirkliche Reise, sondern eine Reise in unserer Fantasie. Damit wir uns das Land besser vorstellen können, wollen wir es uns hinterher bauen." Ein brauner Tonkarton wird auf den Tisch gelegt.
Fantasiereise	Gemäß Erzählvorschlag. Während des Vortrags werden die entsprechenden Regieanweisungen ausgeführt.
Aktion	Die Kinder ergänzen mit Legematerialien die Landschaft auf dem braunen Tonkarton (Steine, Muscheln, Zweige ...)
Geschichte	Die Geschichte der Taufe Jesu wird erzählt. Dabei wird die Landschaft mit weiteren Legematerialien ergänzt (siehe Regieanweisungen).

Fantasiereise

Stellt euch vor, ihr seht hier ein weites, karges Land. In diesem Land gibt es außer der großen Hitze fast nichts. Kein Gras oder Blumen, nur wenige trockene Büsche und einige knorrige Olivenbäume.

Gestaltung

Braunen Tonkarton auf den Tisch legen

Die Hügel und die Berge sind voller Steine und Felsen. Das ganze Land ist trocken. Fast ohne Leben. Nirgendwo findet man Schatten. Still, heiß, staubig und vertrocknet liegt dieses große Land vor uns.

Mit den Händen Hügel- und Bergformen auf den Tonkarton „zeichnen"

Die wenigen Bäume lechzen nach Wasser. Die wenigen Gräser sind gelb und die Blumen und Büsche, die Zikaden und Vögel, die Schafe, die Hunde, und vor allem auch die Menschen warten auf Wasser. Die Erde wartet auf den erlösenden Regen.

Denn erst dann, wenn die ersten Tropfen auf dieses vertrocknete Land fallen, dann erwacht es wie durch Zauberhand. Dann sammeln sich die Tropfen auf der felsigen Erde in den Senken zwischen den Hügeln.

Mit den Fingerkuppen Regengeräusche machen

Eine Quelle sprudelt dort auf einmal aus der Erde und das noch kleine Rinnsal Wasser sucht sich seinen Weg zwischen den Felsen und Steinen hindurch, wird mehr und mehr, trägt den Staub mit sich, wird noch mehr, bis es ein Bach geworden ist. Der kleine Bach sprudelt und plätschert über die vielen glatten Steine auf seinem Grund. Er hat sich längst sein Bett gebaut. Am Bachrand ist alles grün und saftig. Vögel zwitschern, Gräser und Farne bedecken die Steine und in der glitzernden Sonne schwirren Libellen und Schmetterlinge.

Blaues Kreppapier als Quelle an den Rand des braunen Tonkartons legen

Der Bach fließt leise und ruhig durch sein Bett aus Fels. Immer noch mehr Wasser strömt in ihn ein. Er wird größer und lauter.

Längst schon kann man nicht mehr von einem Ufer auf das gegenüberliegende springen. Der Bach ist ein ruhiger, stattlicher Fluss geworden. Durch das braune und ausgetrocknete Land zieht sich nun wie ein silbernes Band in der Sonne das blaue Wasser des Lebens.

Endlich mündet der Fluss in einen wunderschönen großen See. Der warme Wind dort kräuselt die silbern glitzernde Wasserfläche, in der Fische springen und Reiher tauchen.

Fischerboote gleiten über den See und an seinem Ufer erscheinen Menschen mit Krügen, um Wasser zu schöpfen für ihre Häuser. Allen bringt das Wasser Leben. Dieser See heißt See Genezareth und der Fluss ist der Jordan.

Geschichte	Gestaltung
Ich will euch jetzt eine Geschichte erzählen, die sich dort vor 2000 Jahren am Fluss Jordan ereignet hat. Dafür müssen wir aber zunächst den Fluss und den See gestalten ...	Mit dem blauen Band Krepppapier den Jordan gestalten, mit Steinen, Moos, Gräsern, Sand usw. das Ufer kleben
Dort an diesem Fluss lebte ein Mann, der hieß Johannes. Er war eines Tages aus der Wüste gekommen, hatte sich am Fluss niedergelassen und die Menschen kamen zu Johannes, erzählten ihm ihre Sorgen und Nöte. Johannes hörte zu und erzählte ihnen von Gott.	Eine Kerze in den „Fluss“ stellen
Damit er ihnen ein Zeichen von Gott mitgeben konnte, taufte Johannes die Menschen. Sie stiegen in den Jordan, tauchten dreimal unter in das Jordanwasser und das Taufwasser wusch die Angst von den Menschen. Sie vergaßen nicht mehr, dass Gott bei ihnen war.	Eine Schale mit Wasser an den „Fluss“ stellen
Auch Jesus kam zu der Stelle am Fluss, wo Johannes die Menschen taufte. Er ging zu ihm und Johannes taufte ihn. Alle, die das sahen, spürten, dass etwas Besonderes passierte. Eine große Kraft und Freude erfüllte alle. Sie sahen eine Taube vom Himmel herabkommen und hörten Gott zu Jesus sagen: „Du bist mein lieber Sohn.“ Erfüllt von der Liebe Gottes ging Jesus von dort aus zu den Menschen in die Dörfer.	Bunte Legesteine auf den Weg legen, den Jesus gegangen ist; vier grüne Kartonstreifen („Wege“) kreuzförmig bei der Kerze münden lassen
Jesus erzählte den Menschen von Gott, er ging zu den Kranken und machte ihre Seelen und Körper gesund, ging zu denen, die Angst hatten, und machte sie glücklich und er machte die Traurigen froh.	Die Kerze anzünden

3. Jesus sammelt Jünger

In den Evangelien wird berichtet, dass Jesus mit 12 Jüngern durch das Land gezogen ist, um zu predigen und um Menschen zu heilen. Es war damals so üblich, dass jüdische Rabbis einen solchen Schülerkreis um sich sammelten. Diese Schüler wurden dann irgendwann selber lehrende Rabbis, Jesu Jünger dagegen blieben „Schüler". Die Zahl 12 entspricht der Zahl der 12 Stämme Israels im Alten Testament. Das Gottesvolk, das Jesus sammelt, knüpft an biblische, jüdische Tradition an.

Neben diesen 12 Jüngern des engsten Kreises um Jesus, die, wie die Berufungsgeschichten berichten, alles aufgeben, berichtet das Neue Testament von einer größeren Zahl von Jüngerinnen und Jüngern, die Jesus nachfolgen, ohne Familie und Beruf hinter sich zu lassen.

Sie brauchen ...

Erzählvorschlag, große Sprechblasen aus dünner Pappe; viele leer, einige beschriftet, wie: „Das kannst du nicht machen!", „Geh nur!", „Lässt du uns im Stich?"

Verlauf

Lied	Zum Beispiel: „Du hast uns, Herr, gerufen"
Geschichte	Erzählvorschlag wird erzählt oder gelesen bis: „Ihr sollt mit mir Menschen für Gottes neue Welt sammeln."
Aktion	Eine der Sprechblasen wird beschriftet: „Kommt her, geht mit mir. Ihr sollt mit mir Menschen für Gottes neue Welt sammeln." Ein Kind nimmt die Sprechblase und stellt Jesus dar. Es stellt sich auf eine Seite des Raums. „Jesus will, dass die Menschen alles zurücklassen: Familie, Haus, Boote. Nehmt euch Sprechblasen mit Sätzen, die Angehörige sagen könnten." – Die Kinder mit den Sprechblasen stellen sich auf die gegenüberliegende Seite des Raums. Einige sind noch übrig. „Was könnten die Jünger antworten?" Die übrigen Kinder (Jünger) beschriften Sprechblasen und stellen sich in die Mitte.
Gespräch	Die Sprechblasen werden laut gelesen; das Lesen mündet in Sprechen, in eine inszenierte Diskussion.
Geschichte	Die Geschichte wird zu Ende gelesen/erzählt.
Sicherung	Die Entscheidung der Jünger wird festgehalten: „Man muss Gott mehr gehorchen als den Menschen." (Apg 5,29)

Geschichte

Jesus sammelt Jünger

1. Durch die Taufe ist Gottes guter Geist zu Jesus gekommen. Er geht nun zu den Menschen, um ihnen von Gott zu erzählen, damit sie an Gott glauben. Er macht das nicht allein. Er sammelt Menschen um sich, die ihm dabei helfen. Wir nennen sie die zwölf Jünger. Von zweien möchte ich heute erzählen. Sie heißen Petrus und Andreas. Sie leben in einem kleinen Ort am See Genezareth, in Kapernaum. Von Beruf sind sie Fischer. Sie haben ein Boot und ein Netz, das sie ins Wasser werfen.

   Wie jeden Morgen sind die beiden heute früh aufgestanden. Es ist die beste Zeit zum Fischen. Sie sind gerade hinausgefahren. Da sagt Petrus zu Andreas: „Sieh mal da am Ufer, ist das nicht Jesus!" „Ja", sagt Andreas, „der wandert doch von Ort zu Ort. Er erzählt von Gott und Gottes neuer Welt, die bald kommen soll. Er heilt Menschen. Er hilft ihnen, besser zu leben."

2. „Sieh mal, er winkt uns zu. Hast du verstanden, was er ruft?" Petrus und Andreas horchen. Jesus ruft wieder: „Kommt her, geht mit mir! Ihr sollt mit mir Menschen für Gottes neue Welt sammeln!"

   Petrus und Andreas überlegen. Dann sagen sie: „Wenn Jesus Freunde sucht, dann wollen wir mit ihm gehen." Sie rudern zurück, verlassen ihr Boot und gehen mit Jesus mit.

   Ein Stück weiter am See sehen sie ihre Kollegen Jakobus und Johannes. Zusammen mit ihrem Vater flicken sie gerade ihr Netz. Als Jesus die beiden sieht, ruft er sie auch zu sich. Auch sie verlassen ihr Boot, verabschieden sich von ihrem Vater und gehen mit Jesus mit.

4. Jesus spricht

Synagoge – Leuchter – Gebetsriemen

Die Synagoge war damals und ist heute der Mittelpunkt der jüdischen Gemeinde. Sie dient als Gemeindehaus, Gottesdienst- und Unterrichtsraum. Die Männer sitzen auf den unteren Bänken, die Frauen meist oben auf der Empore. Männer ab dem dreißigsten Lebensjahr dürfen Texte aus der Tora (5 Bücher Mose) und den Propheten vorlesen und auslegen. Auch Jesus lehrte in der Synagoge.

In der Mitte der Synagoge befindet sich das Lesepult. Die Schriftrollen werden aus dem Toraschrank an der Wand genommen und zum Vorlesen offen auf das Lesepult gelegt. Mit einem Zeiger aus Messing, Silber oder Gold fährt man die Zeilen entlang, da die heiligen Schriften mit dem Finger nicht berührt werden sollen. Neben dem Toraschrank steht der siebenarmige Leuchter (Sieben Tage der Schöpfung). Das ewige Licht dient als Symbol der ewigen Gegenwart Gottes und hängt von der Decke herab. Fromme Juden tragen Gebetsriemen mit Kapseln an der Stirn und am linken Arm. In den Kapseln befinden sich Worte aus der Tora, die an Gottes Gebote erinnern.

Sie brauchen ...

Erzählvorschlag, Bild einer Synagoge/eines Beters (Kopiervorlage)

Verlauf

Lied	Zum Beispiel: „Eine freudige Nachricht breitet sich aus"
Geschichte	Erzählvorschlag wird erzählt oder gelesen bis: „... das Gotteshaus der Juden".
Aktion	Jedes Kind erhält eine Kopie der Synagogenskizze und markiert, während die Geschichte weiter erzählt wird, alle Einrichtungsgegenstände, die erwähnt werden. Anschließend werden die Gegenstände beschriftet; desgleichen das Bild des Beters (Schal, Gebetsriemen, Kapseln).
Gespräch	„Einige freuen sich über Jesus ..." / „Einige werden wütend über ihn ..." – Warum hat Jesus kein „Heimspiel"? Wie kommt es, dass die Menschen so unterschiedlich auf ihn reagieren? (Evtl. Gedankenblasen ausfüllen lassen!)

Geschichte

Jesus in Nazareth

Jesus kommt in seine Heimatstadt Nazareth. Die Menschen erkennen ihn: „Das ist doch Jesus, der Sohn von Maria und Josef, dem Zimmermann." Viele Menschen sind an diesem Nachmittag unterwegs. In ein paar Stunden beginnt der jüdische Feiertag, der Sabbat. Nach dem Gesetz Gottes ist es ein Tag der Ruhe und des Gebets. So wie Gott sich am siebten Schöpfungstag ausgeruht hat, so sollen sich auch die Menschen ausruhen.

Als das Widderhorn geblasen wird, eilen die Männer und Frauen in die Synagoge, das Gotteshaus der Juden. Es wird erleuchtet vom siebenarmigen Leuchter und vom ewigen Licht. Die Männer tragen einen Gebetsschal und Gebetsriemen mit Kapseln am linken Arm und an der Stirn.

Synagoge
Leuchter
Gebetsschal
Gebetsriemen
mit Kapseln

Sie nehmen unten Platz. Die Frauen sitzen auf der Empore. Für den Gottesdienst haben sie sich festlich gekleidet.

Auch Jesus ist unter ihnen. Nachdem sie gebetet haben, holt ein Diener eine Schriftrolle aus dem Toraschrank. Er legt sie auf das Lesepult. Jesus geht zum Pult. Er nimmt den silbernen Zeigestift, damit er die Heilige Schrift nicht berührt, und liest Worte des Propheten Jesaja: „Gott ist mit mir. Er hat mich gesandt, damit ich den Armen von Gottes froher Botschaft erzähle, damit ich den Gefangenen die Freiheit verkünde und die Blinden wieder sehend mache, damit die Not der Menschen kleiner wird und ich den Menschen sage: Gott hat euch lieb!"

Schriftrolle

Jesus sagt: „Was ihr da gehört habt, das geht heute in Erfüllung durch mich. Gott hat mich zu euch geschickt, damit ich euch die frohe Botschaft bringe: Gefangene werden frei sein, Blinde wieder sehend und Menschen erfahren Hilfe in der Not."

Einige freuen sich. Sie warten schon lange, dass Gott den Christus schickt, der die Gefangenen befreit, Blinde sehend macht und Armen hilft. Sie staunen: Jesus ist der Christus. Manche sind aber auch wütend: „Der Angeber! Der will ein Prophet Gottes sein? Das ist doch der Sohn von Josef, dem Zimmermann. Das ist eine Beleidigung für Gott!" Sie schimpfen und jagen ihn aus der Synagoge. Sie wollen ihn einen Abhang hinunterstürzen, aber er flüchtet in eine andere Gegend. (Nach Lukas 4,16-30)

Vorlage

Die Synagoge

©G. Dennerlein

5. Jesus begegnet Menschen

Die Zachäus-Geschichte ist eine der Begegnungsgeschichten Jesu. Die Zolleinnehmer waren zur Zeit Jesu nicht gut angesehen, weil sie mit der Besatzungsmacht, den Römern, zusammenarbeiteten und weil sie über den an die Römer abzuführenden Zoll hinaus noch Geld für sich behielten.

Zachäus als „Oberster der Zöllner" ist zwar reich, aber bei den Menschen verhasst und darum einsam. Er hat keine Freunde. Dass es Jesus gelingt, Zachäus aus der Außenseiterrolle herauszuholen, liegt nicht an seinen besonderen „Wunderkräften", sondern daran, dass er Zachäus bedingungslos akzeptiert. Das verändert Zachäus: Er freut sich und wird bereit, Unrecht wieder gut zu machen und seinen Reichtum zu teilen.

Jesus kehrt den üblichen Mechanismus um, der sagt: „Erst wenn du dich änderst, will ich etwas mit dir zu tun haben." Jesus zeigt, dass nur bedingungslose Annahme Menschen verändert. Weil Jesus sich nicht auf besondere Kräfte beruft, ist es uns möglich, ihn nachzuahmen: Indem wir andere Menschen ohne Vorbedingungen akzeptieren, geben wir ihnen die Möglichkeit, sich zu ändern.

Material

Wollfäden, Schere, Wortkarten

Verlauf

Lied	Zum Beispiel: „Das wünsch ich sehr"
Aktion	Ein Kind erklärt sich bereit, die Rolle des Außenseiters zu spielen. Alle Kinder gehen im Raum umher, begrüßen sich, sprechen miteinander, winken einander zu usw. Das „Außenseiterkind" wird nicht beachtet. Es versucht seinerseits, mit den anderen Kontakt aufzunehmen. Anschließend: Erfahrungsaustausch!
Einführung	Auf dem Tisch wird mit Wollfäden ein Gesicht gelegt. „Das ist Zachäus, von dem ich euch jetzt eine Geschichte erzählen möchte."
Geschichte	Die Geschichte wird vorgetragen, an den unterstrichenen Stellen unterbrochen. „Wie fühlt sich Zachäus? Wie zeigt sich das auf seinem Gesicht?" Weitere Gesichter werden entsprechend gelegt, dazu eine passende Wortkarte.
Vertiefung	Mithilfe des Gesichts wird die Geschichte nacherzählt – „Wie kam es, dass Zachäus so traurig war?" – und ausgewertet: „Was hat Jesus getan, um ihn fröhlich zu machen?"

Geschichte

Jesus holt Zachäus vom Baum

Mit ihm wollte keiner was zu tun haben. Er war furchtbar reich. Zachäus war der Oberste der Zolleinnehmer. Einen Teil seines vielen Geldes hatte er damit verdient, dass er den Menschen zu viel Geld abnahm. Er war stolz auf seinen Reichtum und konnte sich alles leisten. Aber keiner wollte was mit ihm zu tun haben. Alle machten einen großen Bogen um ihn. Keiner grüßte ihn. Er war einsam.

Eines Tages kam Jesus in die Stadt. Zachäus hatte von ihm gehört, dass er Menschen hilft und sich auch um die kümmert, die keiner mag. „Ich muss Jesus unbedingt sehen", dachte er und lief zur großen Straße. Aber dort stand schon eine Menschenmenge. Weil er so klein war, kletterte Zachäus auf einen Baum, um über die anderen hinweg sehen zu können. Ängstlich saß er da und hoffte, dass keiner ihn auslachte: „Seht mal den Oberzollinspektor da auf dem Baum!"

Da hinten kam Jesus. Immer näher kam er heran. Genau unter dem Baum, auf dem Zachäus saß, blieb er stehen. Jetzt sahen alle hoch zu ihm. Wie peinlich! Jesus sprach ihn an: „Zachäus, klettere schnell herunter. Ich will dein Freund sein und möchte bei dir zu Gast sein." Da stieg Zachäus schnell vom Baum herab.

Er ging mit Jesus zu seinem Haus. Die, die gesehen hatten, dass Jesus bei Zachäus einkehrte, regten sich auf und sagten: „Wie kommt Jesus dazu, bei einem Sünder einzukehren? Einem, der uns bestiehlt!"

Zachäus aber war glücklich, dass Jesus sein Freund geworden war. Als sie zusammen aßen, versprach Zachäus eifrig: „Ich will den Menschen, von denen ich zu viel Geld genommen habe, das Geld zurückgeben. Und die Hälfte meines Besitzes gebe ich den Armen."

Wortkarten

STOLZ	EINSAM	ÄNGSTLICH
PEINLICH	GLÜCKLICH	EIFRIG

6. Gottes neue Welt

Die Menschen in Israel erwarteten die Ankunft des Messias (= Christus) Gottes und mit ihm den Anbruch der neuen Welt Gottes. Die Evangelien verkündigen Jesus als den erwarteten Messias. Mit ihm sei Gottes Reich nahe. Das ist die zentrale Botschaft Jesu, mit der er die Menschen zur Umkehr ruft. In seinen Wundern setzt er Zeichen für Gottes neue Welt, indem er Menschen heilt oder ihnen hilft zu leben.

In den Gleichnissen vom Reich Gottes stellt Jesus Gottes neue Welt als etwas vor, das allmählich wächst (wie ein Senfkorn). Es möchte die Menschen nicht von außen verändern, sondern durch den Glauben.

Sie brauchen ...

Erzählvorschlag „Gottes neue Welt", Erzählvorschlag „Das Gleichnis vom Senfkorn" (Lückentext), Kressesamen, Pappteller, Watte, Arbeitsblatt „Gottes neue Welt wird Wirklichkeit"

Verlauf

Lied	Zum Beispiel: „Alle Knospen springen auf"
Geschichte	„Gottes neue Welt – Jesus vertreibt das Böse"
Aktion	Manche von uns warten noch immer darauf, dass Gott kommt und die Welt besser macht. Aber Jesus hat gesagt: Gottes neue Welt beginnt mitten unter euch. Sie hat mit euch angefangen. Glaubt diese gute Nachricht und handelt danach, indem ihr... Die Kinder entwickeln gemeinsam Vorher-Nachher-Szenen zum Vorspielen: „Gottes neue Welt wird Wirklichkeit". (Beispiel: Ein Außenseiter darf mitspielen; eine einsame Frau wird besucht ... ; s.a. Arbeitsblatt)
Lied	„Alles muss klein beginnen"
Geschichte	„Das Gleichnis vom Senfkorn"
Aktion	Die Kinder erhalten Kressesamen und Pappteller. Gemeinsam werden die Samen auf die angefeuchtete Watte gesät.
Sicherung	Die Kinder tragen auf dem Arbeitsblatt ein, was ihnen wichtig ist an Gottes neuer Welt.

Geschichte

Gottes neue Welt – Jesus vertreibt das Böse

Das Lied, das wir eben gesungen haben, beschreibt eine schöne Welt (aufzählen lassen). Oft aber ist die Welt nicht so schön. Denkt nur an all den Streit und Hass, an Krankheiten und Sterben. Gott möchte, dass es anders zugeht auf der Welt. Darum ist Jesus zu den Menschen gekommen.

Die Menschen hörten ihm zu, als er sagte: „Gottes neue Welt beginnt jetzt mitten unter euch. Ihr könnt sie sehen." Die Menschen fragten sich: „Wie will Gott die Welt denn besser machen?" Jesus sagt: „Gott möchte mit euch anfangen. Glaubt diese gute Nachricht. Das wird euer Leben verändern."

Eines Tages kam Jesus nach Kapernaum. Als er am Sabbat in die Synagoge ging, war dort ein Mann, der von einem bösen Geist besessen war. Weil das Böse Macht über ihn hatte, schrie er und schlug um sich. Als der Mann Jesus sah, schrie er: „Was willst du? Willst du uns zu Grunde richten? Ich kenne dich, du bist der, den Gott geschickt hat."

Jesus befahl dem bösen Geist: „Sei still und verlass den Mann." Der Mann wurde geschüttelt, dann wurde er ganz ruhig. Der böse Geist hatte ihn verlassen. Die Menschen, die das gesehen hatten, erschraken und fragten sich: „ Wie kommt es, dass sogar die bösen Geister ihm gehorchen? In ihm ist Gottes Kraft."

Jesus zog durch ganz Galiläa. Er heilte viele Menschen von den verschiedensten Krankheiten und trieb böse Geister aus. So gab er den Menschen Zeichen, dass Gottes neue Welt da ist.

Hilfen für das Gespräch
Wir sprechen heute vielleicht nicht mehr von bösen Geistern, die einen Menschen daran hindern, gut mit seinen Mitmenschen auszukommen. Wir sagen: Er ist jähzornig, eigenwillig, egoistisch, neidisch, geizig, humorlos ... Oder wir sprechen von seinem „inneren Schweinehund" – Wie wird man den denn los?

Das Gleichnis vom Senfkorn

Jesus fragt: „Wie ist das, wenn Gottes neue Welt anfängt? Womit kann man das vergleichen?"

Jesus sagt: „Es ist so wie bei einem kleinen Senfkorn. Es gibt keinen kleineren Samen, aber wenn es in die Erde gesät wird, dann wächst es auf und wird größer als alle anderen Pflanzen im Garten. Es bekommt Zweige, in deren Schutz die Vögel ihr Nest bauen können."

Arbeitsblatt

Gottes neue Welt wird Wirklichkeit

Manche Menschen warten heute wie vor 2000 Jahren darauf, dass Gott die Welt besser macht. Aber Jesus hat gesagt: Gottes neue Welt beginnt mitten unter euch. Sie hat mit euch angefangen. Glaubt diese gute Nachricht und handelt danach. Im Kleinen fängt es an, zum Beispiel ... (Schreibe auf, was du tun könntest.)

Carla ist neu in der Schule. Einsam steht sie auf dem Schulhof ...	
Andi ist ziemlich unsportlich. Die anderen lachen ihn aus ...	
Bettinas Mutter hat kein Geld für die Klassenfahrt. Bettina sagt, sie sei krank.	
Tom ist beim Klauen erwischt worden. Seitdem wird er gemobbt ...	
Der große Baum gibt zu viel Schatten. Papa will ihn fällen.	
Der Hund von Onkel Peter ist den ganzen Tag allein. Er winselt hinter der Tür.	

7. Jesus macht sich Feinde

Mit dem Einzug nach Jerusalem beginnt Jesu Passion. Er wird zunächst vom Volk als Nachfolger Davids bejubelt. Als er sieht, wie Händler und Wechsler im Vorhof des Tempels Handel treiben, jagt er sie hinaus: „Gottes Haus soll ein Haus zum Beten sein, aber ihr habt eine Räuberhöhle daraus gemacht." Dadurch zieht er sich den Zorn führender Vertreter des jüdischen Glaubens zu.

Allerdings haben allein die römischen Besatzer das Recht, Todesstrafen zu verhängen. Ihnen ist Jesus als „Aufrührer" verdächtig.

Jesus wird zunächst vom jüdischen Rat verhört und dann an den römischen Gouverneur Pontius Pilatus ausgeliefert (Markus 14,53-65 und 15,1-15) und schließlich zum Tod durch Kreuzigung verurteilt.

Gegner Jesu

Es ist unbedingt zu vermeiden, „die Juden" als „Gottesmörder" zu diffamieren (wie es in Geschichte und Zeitgeschichte unheilvoll geschehen ist); dagegen ist zu betonen, dass die Geistlichkeit zur Zeit Jesu einerseits überzeugt war, Gott so treu wie möglich zu dienen, andererseits gerade die These, dass Jesus „Gottes Sohn" sei, nicht nur nicht nachvollziehen konnte, sondern als gotteslästerlich empfand.

Sie brauchen ...

Erzählung „Jesus und der Tempel", große, leere Sprechblasen aus Pappe; Leseszene: „Jesus macht sich Feinde"

Verlauf

Lied	Zum Beispiel: „Jesus zieht in Jerusalem ein"
Geschichte	Text „Jesus und der Tempel" wird gemeinsam gelesen.
Aktion	Die Gruppe wird in drei Teilgruppen geteilt: Priester, Händler, Römer. Erarbeitet wird, was die jeweilige Gruppe zu Jesu Verhalten im Tempel sagt; entsprechend werden die Sprechblasen ausgefüllt.
Lesung	Text „Jesus macht sich Feinde" wird szenisch gelesen.
Sicherung	Jedes Kind bekommt ein Arbeitsblatt „Jesus Christus" (Deckblatt, S. 43) mit dem Auftrag: „Gestalte rund um das Kreuz Jesu Lebensweg: was waren die wichtigsten Stationen/Worte/Weggefährten?"

Geschichte

Jesus und der Tempel

Fast tausend Jahre bevor Jesus lebte, hatte der König Salomo in Jerusalem ein Haus für Gott, einen Tempel gebaut.

Dort konnten die Menschen zu Gott beten. Der Evangelist Lukas erzählt, dass Jesus als Zwölfjähriger zum ersten Mal im Tempel war. Die Geschichte, die Lukas erzählt, macht deutlich, dass Jesus sich dort gleich zu Hause fühlte.

Als Erwachsener kam Jesus wieder nach Jerusalem. Er wollte am Tempel das Passa-Fest feiern. Viele Menschen standen an der Straße und jubelten ihm zu wie einem König: „Willkommen, du Sohn Davids! Willkommen, du Abgesandter Gottes."

Jesus ging wieder in den Tempel. Dort wurden gerade Tiere geschlachtet. Etwas von dem Fleisch wurde als Opfer für Gott auf dem Altar verbrannt. Die Menschen glaubten, Gott würde sich darüber freuen.

Im Tempel gab es auch viele Händler, die Opfertiere an die Menschen verkauften, die von weit her kamen und kein Opfertier mitbringen konnten. Außerdem standen da noch die Tische der Geldwechsler und anderer Händler. Menschen am Tempel, Menschen von weither – das waren gute Kunden.

Als Jesus den Lärm hörte und sah, was im Tempel passierte, wurde er wütend. Er rief laut: „Ihr macht aus Gottes Haus einen Marktplatz!" Dann trieb er die Tiere hinaus und warf die Tische der Geldwechsler um.

Hilfen für das Gespräch		
Was gehört in ein „Haus Gottes", was nicht? Brauche ich ein Haus Gottes, um zu beten? Braucht Gott Opfer? Wenn ja, welche?	„Unerhört!" „Welch ein Aufruhr!" „Der Mann ist verrückt!" „Ein Revolutionär!"	Viele bekamen mit, was Jesus tat: die Priester, die römischen Soldaten, die Händler sowieso. Und keiner von ihnen fand das gut ...

Spiel

Jesus macht sich Feinde

Erzähler: Wie ein Lauffeuer geht es durch die Stadt, was Jesus im Tempel gemacht hat. Am Abend kommen alle zusammen, die etwas mit dem Tempel zu tun haben. Sie treffen sich im Palast des Hohenpriesters Kaiphas.

Kaiphas: Wie kann er das wagen – die Ordnung im Tempel so zu stören!

Priester 1: Er tut so, als sei er ein Prophet, der in Gottes Namen spricht. Dabei ist er nur ein Zimmermann.

Priester 2: Er verletzt Gottes Gebote. So einer kommt gewiss nicht von Gott.

Priester 3: Er fordert uns heraus. Will er uns lächerlich machen?

Kaiphas: Am besten, wir lassen ihn verhaften.

Priester 1: Das gibt Streit mit dem Volk. Habt ihr nicht gesehen, wie sie ihn begrüßt haben, als er in die Stadt einzog? Wie einen König haben sie ihn bejubelt.

Priester 2: Die Leute halten ihn für den neuen David. Sie verehren ihn und laufen ihm nach.

Priester 3: Das könnte einen Aufstand geben: Jesus und das Volk gegen uns!

Priester 1: Dann würden die Römer eingreifen. Das gäbe Tote und Verletzte.

Kaiphas: Die Römer – ja, das ist ein wichtiger Punkt. Nichts fürchten die Römer so sehr wie einen Aufstand.

Priester 2: Sollen wir den Römern einen Hinweis geben? Sollen wir ihnen sagen, dass Jesus einen Aufstand plant?

Erzähler: Während sie noch überlegen, kommt der Palastdiener herein.

Palastdiener: Herr, draußen steht ein Mann. Er will unbedingt mit dir sprechen.

Kaiphas: Bring ihn herein!

Judas: Ich bin ein Jünger Jesu. Mir passt nicht, was er im Tempel getan hat, und ich nehme an, euch passt es auch nicht. Also: Wenn ihr ihn gefangen nehmen wollt, dann kann ich euch heimlich nachts zu ihm führen. Ich weiß, wo er sich aufhält.

Kaiphas: Sehr gut! Wir verhaften ihn heimlich, dann kann ihm niemand helfen. Du kommst wie gerufen. Als Lohn bekommst du dreißig Silberstücke.

Karfreitag und Ostern

Stichwort: Passion und Auferstehung

Die Passionsgeschichten in den Evangelien bilden den Kern der Jesusüberlieferung. Dass Jesus gestorben und auferstanden ist, war das Grundbekenntnis, um das sich die frühe Christenheit gesammelt hat.

Die Passionsgeschichte, besonders bei Lukas, gibt eine prägnante Chronologie vor, aus der in der religiösen Tradition „Stationen des Leidens Jesu“ verbindlich geworden sind: Dazu gehören der Einzug in Jerusalem, Abendmahl, Gethsemane, Verhaftung, Verhör vor dem Hohepriester, Verleugnung, Verhör vor Pilatus, Weg nach Golgatha, Tod und Grablegung.

Das Gleichnis vom Weizenkorn beschreibt mit einem Bild aus der Natur, dass Tod nicht nur Ende bedeutet, sondern dass aus dem Tod neues Leben entsteht. Dieses neue Leben, das aus dem Tod wächst, ist der Kern der Osterbotschaft. Was mit dem neuen Leben gemeint ist, davon erzählen die Ostergeschichten.

- Menschen haben Hoffnung, dass auch mit ihrem Tod nicht alles aus ist.
- Menschen erfahren die Gemeinschaft Christi („Wo zwei oder drei in meinem Namen versammelt sind, da bin ich mitten unter ihnen“).
- In der Verkündigung der Kirche bleiben Jesu Worte und Taten lebendig.

Das Passafest

Das Passafest ist das wichtigste Fest im Judentum. Es erinnert an die Befreiung der Israeliten aus Ägypten. Jüdische Feste machen die Vergangenheit lebendig, als wenn sie sagten: „Wisst ihr noch, wie Gott uns aus der Sklaverei in Ägypten befreite? Wisst ihr noch, wie Gott auf der langen Wanderung durch die Wüste zu uns hielt und für uns sorgte? Wisst ihr noch, wie er uns die Zehn Gebote schenkte, damit wir gut leben können?“

Am Abend vor dem Passafest, dem Sederabend, erinnern sich die Juden an die harte Zeit in Ägypten – indem sie schmecken, sehen und hören, wie das war:

Sie essen Petersilie. Denn seit der Schöpfung hat Gott die Menschen mit Früchten und Kräutern versorgt. Sie essen ungesäuertes Brot, Mazzen. Denn damals, als man zur Flucht rüstete, hatte man keine Zeit, den Brotteig zu säuern. Sie tauchen die Petersilie in Salzwasser. Denn in der Sklaverei in Ägypten haben sie geweint. Sie essen bittere Kräuter. Denn die Zcit in Ägypten war bitter. Sie singen und erzählen von ihrer Not und ihrer Befreiung. Sie danken Gott und loben ihn. Sie hoffen, dass Gott sie auch in Zukunft retten wird.

1. Das Weizenkorn erstirbt

Sie brauchen ...

Bilder und Erzählvorschlag; Weizenkorn und Karten

Verlauf

Lied	Zum Beispiel: „Jesus zieht in Jerusalem ein"
Aktion	Bilder zur Passion werden ausgeschnitten und mit Hilfe des Textblattes in die richtige Reihenfolge gelegt. (Kreuzweg mit 9 Stationen). Die Reihenfolge wird verglichen. Dann werden die Bilder auf einen Papierstreifen geklebt. Sie erhalten Bildunterschriften.
Erzählung und Aktion	„Habt ihr schon mal erlebt, dass jemand gestorben ist? Dann ist das Leben vorbei. Auch Jesus ist tot. Sein Leben ist zu Ende. Alles aus? – Vor seinem Tod hat Jesus das Gleichnis vom Weizenkorn erzählt ..." Ein Weizenkorn wird auf den Tisch gelegt. Darunter zwei Karten mit den Sätzen: „a) Es wird in die Erde gelegt." und „b) Es bleibt liegen." Auf weitere Karten schreiben die Kinder, wie es weitergeht mit dem Weizenkorn im Fall a) bzw. b). Die Karten werden entsprechend zugeordnet.
Gespräch	„Jesus sagt: So wie mit dem Weizenkorn, so ist es auch mit meinem Tod. Wie meint er das?"

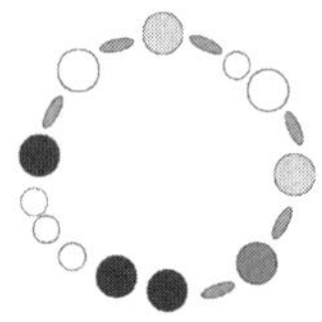

Zwischen der Perle der Nacht (tiefschwarz) und der großen weißen Perle der Auferstehung liegt nur Stille. Alles ist dunkel, dunkel wie im Erdreich, der Sarg ist geschlossen. Das Weizenkorn liegt in der Erde und stirbt. Aber gerade in der Stille kann es sich entwickeln, sacht seine Fasern ausstrecken. Erst bleibt es bei sich. Dann greift es Raum. Es wagt sich weiter, strebt nach oben, sucht das Licht. Und schließlich durchbricht es die Erdkruste – und die Stille wandelt sich in Jubel, Osterjubel. Auferstehung heißt: Das Leben hat gesiegt.

Herr des Todes und des Lebens,

bei dir ist alles wohl geborgen: In Trauer und Angst, in Dunkelheiten und im Tod bist du nah. Du leidest mit und hältst bei den Leidenden aus. Und wenn es Zeit ist, Herr, dann ruft deine Ostersonne alle, die tot waren, aus den Gräbern. Amen

Geschichte

Jesus in Jerusalem

1	Jesus macht sich auf den Weg nach Jerusalem. Als Jude will er dort mit seinen Jüngern das jüdische Passafest feiern. Viele Menschen kommen zum Fest in die Stadt. Jesus weiß, was ihn dort erwartet. Auf einem Esel reitet Jesus nach Jerusalem hinein. Die Menschen am Wegesrand erkennen ihn und jubeln ihm zu: „Hosianna, wir grüßen unseren König. Gott hat ihn geschickt."

2	Jesus feiert mit seinen Jüngern das Passamahl. Die Jünger haben Brot und Wein besorgt. Am Abend sitzen sie zu Tisch. Jesus nimmt das Brot und dankt Gott. Er gibt seinen Jüngern ein Stück und sagt: „Das ist mein Leib." Dann nimmt er den Kelch mit dem Wein. Er dankt Gott und reicht den Jüngern den Kelch mit den Worten: „Das ist mein Blut, das für viele vergossen wird."

3	Nach dem Passamahl gehen sie zum Ölberg. Dort liegt der Garten Gethsemane. Es ist dunkel. Jesus sagt: „Ich will in den Garten gehen und beten. Bleibt hier und wartet." Er geht allein weiter in den Garten, wirft sich nieder und betet: „Mein Vater, wenn es möglich ist, dann erspar mir dieses Leiden. Ich habe Angst. Aber nicht, wie ich will, sondern wie du willst, soll es geschehen." Als Jesus zurückkommt, schlafen die Jünger.

4	Judas hat sich bereiterklärt, Jesus zu verraten. Er hat dafür 30 Silberstücke erhalten. Judas führt die Soldaten zu Jesus, als er im Garten betet. Und sie verhaften ihn.

5	Die Soldaten bringen Jesus zum Hohepriester Kaiphas. Der fragt ihn: „Bist du der Sohn Gottes?“ Jesus antwortet: „Ja.“ Der Hohepriester ruft: „Das ist Gotteslästerung! Dafür muss er sterben!“

6	Sie bringen Jesus zum römischen Statthalter Pontius Pilatus, weil nur er die Todesstrafe verhängen darf. Pilatus verurteilt Jesus zum Tod durch Kreuzigung.

7	Als die Leute zu Petrus sagen: „Du warst doch auch mit diesem Jesus zusammen!“, sagt er: „Nein, ich kenne ihn nicht.“ Dreimal wird er gefragt, dreimal sagt er: „Ich kenne Jesus nicht.“ Da hört er einen Hahn krähen und ihm fällt ein, was Jesus einmal gesagt hat: „Petrus, ehe der Hahn kräht, wirst du mich dreimal verleugnen.“ Da geht er weg und weint.

8	Jesus soll am Kreuz sterben. Er muss selbst sein Kreuz zum Hügel Golgatha tragen. Dort nageln sie Jesus ans Kreuz. Die Leute, die vorbeikommen, verspotten Jesus: „Wenn du wirklich Gottes Sohn bist, dann komm herunter vom Kreuz.“ – Mitten am Tag wird es dunkel. Der Vorhang im Tempel zerreißt, die Erde bebt. Jesus ruft: „Es ist vollbracht.“ Dann stirbt er.

9	Seine Freunde legen seinen Körper in ein Felsengrab. Vor die Grabkammer rollen sie einen schweren Stein ...

Bilder

© Katholische Kirchengemeinde St. Michael, Göttingen; © Fotos: Markus Eidt, Göttingen

2. Das Weizenkorn bringt Frucht

Über die Auferstehung Jesu gibt es im Neuen Testament zwei Arten von Geschichten: die Geschichten vom leeren Grab und die Geschichten, in denen von Begegnungen mit dem Auferstandenen berichtet wird. Gemeinsam ist ihnen, dass sie keine Beweise der Auferstehung sind, sondern „Zeugenaussagen", bei denen es um das Vertrauen zu den Zeugen geht. Nur im Einlassen auf die Botschaft von der Auferstehung können Menschen erfahren, ob sie ihr Leben trägt. Die Emmausgeschichte verdeutlicht dies in der Veränderung, die mit den Jüngern vor sich geht: von der Trauer und den „gehaltenen" Augen zur Freude und einem neuen „Sehen" der Wirklichkeit.

Sie brauchen ...

Zettel mit Gefühlen darauf, Holzschnitt „Gang nach Emmaus" von Karl Schmidt-Rottluff oder Nachzeichnung (S. 70), Leseszene, Deckblatt „Jesus Christus" (S. 43)

Verlauf

Lied	„Herr, bleibe bei uns"; „Eine freudige Nachricht"
Einstieg	Kinder ziehen Karten, auf denen je ein Gefühl benannt ist: Angst, Trauer, Freude, Wut, Erstaunen, Liebe ... Die Gefühle werden nacheinander pantomimisch dargestellt und erraten.
Bild	Der Holzschnitt/Bild wird gemeinsam betrachtet: „Welches Gefühl wird hier dargestellt?"
Geschichte	„Dieses Bild stellt zwei Jünger dar und es gibt dazu eine Ostergeschichte ..." – Leseszene zur Emmausgeschichte wird mit verteilten Rollen gelesen.
Vertiefung	Gespräch: „Wieso habe ich diese Geschichte eine Ostergeschichte genannt?" – „Stellt den Hin- und den Rückweg der beiden Jünger wiederum pantomimisch dar."
Aneignung	„Ostergeschichten sind Geschichten vom Umschwung, vom Aufatmen, von Dunkelheit und Licht, von Gegensätzen, von Verwandlung. – Erzählt euch gegenseitig solche Geschichten. Zum Beispiel: Einmal hat drei Tage lang die Sonne nicht geschienen ..."
HA	Jedes Kind bekommt ein Arbeitsblatt „Karfreitag und Pfingsten" (Deckblatt S. 64) mit dem Auftrag: „Schreibe zu den Bildern kurze Erläuterungen: Was haben sie mit der Passion und Ostern zu tun?" (Abendmahl, Kreuz, Geheimnis, Verwandlung, Ostersonne)

Bild

Nachzeichnung Sibylle Hassels; Karl Schmidt-Rottluff, Gang nach Emmaus

Karten

Angst	Freude	Hass
Wut	Traurigkeit	Staunen
Neid	Langeweile	Liebe

Geschichte

Zwei Jünger auf dem Weg nach Emmaus

Erzähler: Es waren einige Tage vergangen, seit Jesus gestorben war. Da gingen zwei seiner Jünger von Jerusalem nach Emmaus. Sie waren sehr traurig.

Kleopas: Ich kann noch gar nicht fassen, dass unser Herr tot sein soll.

Jonas: War denn nun alles vergeblich?

Kleopas: Ich weiß auch nicht, wie es nun weitergehen soll.

Erzähler: Als sie so traurig und mutlos ihres Weges gingen, näherte sich ihnen Jesus. Vor lauter Trauer und Zweifel erkannten sie ihn nicht.

Jesus: Worüber redet ihr beiden da?

Jonas: Na, über Jesus von Nazareth. Der war ein großer Prophet Gottes. Drei Tage ist er nun schon tot. Er wurde gekreuzigt.

Kleopas: Dabei hatten wir gehofft, er würde Israel befreien.

Jonas: Ja, und dann kamen einige Frauen vom Grab Jesu. Die haben seinen Leichnam nicht gefunden. Ein Engel hat ihnen gesagt: Jesus lebt.

Kleopas: Wir sind natürlich gleich hingelaufen und es stimmte tatsächlich: Jesus war nicht im Grab.

Jesus: Seid ihr blind? Warum glaubt ihr nicht, was die Propheten gesagt haben: Christus musste das alles leiden, um zu seiner Herrlichkeit zu gelangen.

Erzähler: Und Jesus erklärte ihnen, was Mose und die Propheten über ihn vorhergesagt hatten. Dabei kamen sie nach Emmaus. Jesus tat, als wollte er weitergehen. Sie hielten ihn zurück.

Kleopas: Bleib doch bei uns. Es ist Abend, es wird bald dunkel.

Erzähler: Jesus blieb bei ihnen. Als er mit ihnen am Tisch saß, nahm er das Brot, dankte, brach es und gab es ihnen. Da gingen ihnen plötzlich die Augen auf und sie erkannten ihn. Aber er verschwand vor ihnen.

Jonas: Sag mal, Kleopas, hat dein Herz nicht auch gebrannt, als er mit uns geredet hat unterwegs?

Kleopas: Ja, plötzlich war mir das alles klar, was die alten Propheten vor langer Zeit verkündet haben.

Jonas: Ich spüre, wie meine Zweifel und meine Trauer auf einmal verschwunden sind.

Kleopas: Lass uns schnell nach Jerusalem zurücklaufen und erzählen, was wir erlebt haben. Jesus lebt tatsächlich!

Pfingsten

Stichwort: Pfingsten/Heiliger Geist

Die Pfingstgeschichte erzählt, wie die Botschaft von der Auferstehung Jesu die Jünger begeisterte. Bildhaft schildert die Geschichte die Folgen: Sie, die sich aus Angst eingeschlossen hatten, werden mutig und verkündigen die gute Nachricht auf den Straßen Jerusalems. Ein Wunder geschieht: Alle Menschen verstehen die Botschaft der Jünger. Geist ist am Werk, ein guter Geist, der Heilige Geist.

So breitet sich die Auferstehungsbotschaft aus und aus der Jesusbewegung entsteht die Kirche: Pfingsten feiern wir den Geburtstag der Kirche.

Petrus sagt den Menschen in seiner Pfingstpredigt, wie sie dazu gehören können: Durch Umkehr und das sichtbare Zeichen der Taufe. Hier schließt sich der Kreis des Konfirmandenjahres, der thematisch mit der Taufe begonnen hat.

1. Der Heilige Geist kommt

Sie brauchen ...

Erzählvorschlag „Jakobus erzählt"; Arbeitsblatt „Leben mit Christus"

Verlauf

Lied	„Eine freudige Nachricht breitet sich aus"
Einstieg	Pantomime: Die Kinder sitzen still und ernst um den Tisch. Einer flüstert dem Nächsten etwas ins Ohr. Der freut sich, sagt es weiter, springt auf, jubelt. Und so weiter – bis alle stehen und jubeln. – „Was ist da geschehen?" – Gebt der Szene einen Titel.
Kreativ schreiben	Jedes Kind erhält die Aufgabe, eine Nachricht aufzuschreiben, die ernste, traurige Leute jubeln lässt.
Geschichte	„Es muss nicht immer eine Nachricht sein – manchmal genügt eine Idee, ein Gedanke, ein plötzlicher Funke. Hört, was es bei den Jüngern war, damals, 50 Tage nach Ostern ..."
Vertiefung	Gespräch mit etwa folgendem Ergebnis: „Einer fing zu singen an" – weil er an Jesus dachte; weil er Mut hatte. – „Sein Mut war ansteckend" – Jubel, Begeisterung, Feuer und Flamme. Einer fragt: „Was sollen wir nun tun?" Die Kinder antworten anstelle von Petrus ...
HA	Arbeitsblatt: „Leben mit Christus"

Geschichte

Jakobus erzählt

Als Jesus tot war, da waren nicht nur die Menschen in Israel enttäuscht und traurig. Auch wir Jünger waren es. Und wir hatten Angst: „Sie werden uns töten, wie sie Jesus getötet haben." Wir haben uns versteckt und eingeschlossen. Wir dachten, alles wäre vorbei. Aber eines Tages passierte etwas Seltsames. Es war genau fünfzig Tage nach Ostern.

Zu Beginn der Ernte gab es ein großes Fest. Viele Besucher kamen zum Fest nach Jerusalem. Schon am Morgen waren auf den Straßen viele Menschen unterwegs zum Tempel. Nur wir saßen hinter verschlossenen Türen und trauten uns nicht hinaus.

Auf einmal fing Andreas leise an zu singen. Ein anderer stimmte mit ein. Immer lauter und kräftiger sangen sie ein fröhliches Lied. Zuletzt sangen alle mit. Wir sangen Lob- und Danklieder für Gott. Ich verstand die Welt nicht mehr. Eben hatten wir noch vor Angst gezittert. Jetzt sangen wir laut und rissen die Fenster auf.

Brausender Jubel drang aus dem Haus. Die Leute auf der Straße strömten herbei, fingen an zu tanzen und sangen laut mit. „Was passiert hier?", schrie ich zu Andreas. „Ich weiß es auch nicht", antwortete er. „Es kam so über uns. Ist es nicht so, als sei Jesus wieder mitten unter uns?" Und wir waren wieder wie früher Feuer und Flamme für Jesu Sache.

Auch die Leute draußen kamen aus dem Staunen nicht heraus. „Was ist mit euch los?", fragten einige. „Ihr redet und wir verstehen euch, obwohl wir von weit her kommen. Woher kennt ihr unsere Sprache?"

Wir waren begeistert. Gottes Geist hatte uns erfasst. Alle Angst war weg. Und dann trauten wir uns sogar hinaus. Wir öffneten die Tür und erzählten den Menschen von Gott. Immer mehr Menschen kamen dazu.

Da fing Petrus an und rief den Menschen zu: „Ihr Juden, hört mir zu! Ich will euch sagen, was passiert ist. Gott hat uns seinen Geist geschenkt, darum reden wir und ihr versteht uns. Jesus ist nicht tot, er lebt. Gott hat ihn auferweckt, er ist mitten unter uns. Glaubt uns. Er ist wirklich der Retter und Herr über die ganze Welt."

Und die Leute fingen an zu fragen. „Was sollen wir tun?"

Petrus antwortete: ____

____

____

____

Wiederholung und Aufgabe

Mit Christus leben

Wir haben in den vergangenen Wochen Geschichten über Jesus gehört. Jesus hat vor 2000 Jahren gelebt. Er war das Kind von Maria und Josef. Aber wir Christen glauben, dass er auch der Sohn Gottes war. Wir sagen damit, dass er so eng mit Gott verbunden war wie ein Kind mit seinen Eltern. Im Auftrag Gottes ist Jesus zu den Menschen gegangen.

Gott hatte ihnen gesagt: „Du sollst Gott lieben und deinen Nächsten wie dich selbst." Aber die Menschen hielten sich nicht daran. Jeder dachte nur an seinen eigenen Vorteil. Es entstanden Streit und Hass.

Darum hat Jesus den Menschen gesagt: „Ändert euer Leben, denn Gottes Reich ist nah!" Wir haben gehört: Gottes Reich ist nicht irgendwo im Himmel, sondern unscheinbar wie ein Senfkorn unter uns. Wie aus dem Senfkorn eine große Pflanze wächst, so wächst das Reich Gottes auf der Erde,

- wenn das Evangelium verkündet wird,
- wenn Menschen Gott vertrauen,
- wenn Menschen lieben.

Jesus hat nicht nur vom Reich Gottes erzählt. Mit seinen Wundern hat er auch gezeigt, wie es im Reich Gottes ist.

- Jesus hat Kranke geheilt als Zeichen: Wenn das Reich Gottes ganz da ist, gibt es keine Krankheit mehr.
- Er hat sich mit Ausgestoßenen an einen Tisch gesetzt als Zeichen: Wenn das Reich Gottes da ist, wird niemand ausgestoßen.
- Er hat den Hungrigen zu essen gegeben als Zeichen: Wenn das Reich Gottes da ist, wird es keinen Hunger mehr geben.

Jesus hat sich in seinem Leben dafür eingesetzt, dass die Menschen vom Reich Gottes wissen und in seinem Sinne handeln, damit es schon jetzt anfängt. Aber dann ist er gestorben. Viele Menschen haben gedacht: Jetzt ist alles aus.

Aber Jesus wusste: Mit dem Tod ist nicht alles vorbei. Er hat es an einem Beispiel erklärt: „Seht euch ein Weizenkorn an. Das muss auch in die Erde gelegt werden und sterben, damit etwas Neues daraus wächst. So ist es auch mit mir. Ihr werdet sehen, nach meinem Tod wird meine Sache weitergehen."

Dieser Text fasst wichtige Inhalte von deiner ersten KonfiKid-Stunde bis jetzt zusammen. Unterstreiche oder markiere:

Blau: Das wusste ich schon.

Rot: Das habe ich neu gelernt.

Grün: Das will ich weiter bedenken.

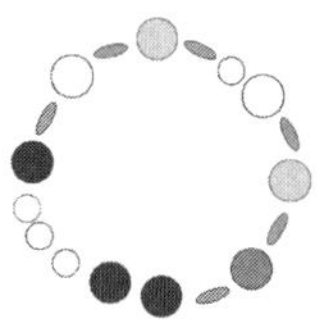

Gebet zur Ich-Perle

Gott Vater, du hast Jesus, deinen Sohn,
unter uns Menschen gesandt,
damit er ihnen zeigt, wie sie gut leben können.
Nicht ihnen – uns. Auch mir.
Lass mich fragen, was Jesus mit mir zu tun hat,
lass mich sehen, wo ich dazu beitragen kann,
dass Frieden und Freundschaft wachsen.
Lass mich zusehen, dass diese Welt
ein wenig heller wird,
auch das Gesicht meiner Nachbarin.
Amen

2. Der Heilige Geist wirkt

Wie geht die Sache Jesu weiter? Antwort: Indem sich Menschen vom Geist Jesu Christi anstecken lassen; sie lassen sich taufen und vertrauen auf Gott; sie handeln im Sinne des Doppelgebotes der Liebe.

Sie brauchen ...

Arbeitsblatt „Die Sache Jesu geht weiter", Deckblatt „Blumenstrauß" (S. 72), Erzählvorlage „Der Barmherzige Samariter", Zeitschriften, Klebstoff, Scheren

Verlauf

Lied	„Herr, gib mir Mut zum Brücken Bauen"
Wieder-holung	Die Kinder stellen ihre Hausaufgaben vor.
Einleitung	„Aus dem Samenkorn wird ein Baum – und so ist aus den wenigen verängstigten Jüngern die Kirche geworden, das Christentum weltweit. – Lasst uns das im Bild festhalten ..."
Aktion	Jedes Kind erhält das Deckblatt „Pfingsten"; es schneidet Köpfe aus Zeitschriften aus und klebt sie rund um den Blumenstrauß. Unterschrift: „Sie alle können Christen sein ..."
Geschichte	„Ihr erinnert euch: Christsein bedeutet: Getauft sein, auf Gott vertrauen und Gottes Willen tun. Wie das geht, das hat Jesus einmal in einem Gleichnis erklärt ..." (Erzählvorlage).
Vertiefung	„Wer ist mein Nächster?" – Die Kinder antworten so: „Das Kind, das nicht mitspielen darf"; „Die einsame alte Frau"; „Der Fremde, der den Weg nicht kennt" ...

Geschichte

Der Barmherzige Samariter

Das erste Pfingstfest ist lange vorbei. Aber so wie Gottes guter Geist damals die Jünger verändert hat, so verändert er auch heute noch Menschen. Sie handeln im Geist Jesu und leben in seinem Sinn. Jesus hat zu seinen Lebzeiten deutlich genug gesagt, worauf es ankommt.

Eines Tages kam ein Mensch zu Jesus und fragte: „Meister, was muss ich tun, um ein Freund Gottes zu sein?“ Jesus sagte: „Was sagt uns Gott in seinen Geboten?“ Der ihn gefragt hatte, antwortete: „Du sollst den Herrn, deinen Gott, lieben mit ganzem Herzen und von ganzer Seele. Und deinen Nächsten sollst du lieben wie dich selbst.“ Jesus sagte zu ihm: „Das hast du richtig gesagt. Tu das und du wirst gut leben.“ Aber der andere fragte weiter: „Wer ist denn mein Nächster?“ Da erzählte Jesus eine Geschichte.

Ein Mann geht von Jericho nach Jerusalem. Der Weg ist gefährlich. Oft überfallen Räuber die Menschen. Als der Mann unterwegs ist, passiert es: Räuber fallen über den Mann her, schlagen ihn zu Boden und berauben ihn. Sie lassen ihn halbtot liegen und verschwinden. Schwer verletzt, hilflos und allein liegt der Mann am Weg. Da kommt ein Priester vorbei. Er sieht den Mann liegen und geht weiter. Wieder hört der Verwundete Schritte. Ein Levit, der im Tempel Dienst tut, kommt vorbei. Auch er sieht den Verwundeten und geht weiter, ohne zu helfen. Ein Dritter kommt des Wegs. Es ist ein Samariter, ein Mann aus Samaria. Die Menschen in Israel verachten die Samariter, denn sie sagen: „Die kennen Gottes Gebote nicht.“ Als der Samariter den Mann liegen sieht, hat er Mitleid. Er geht zu ihm hin, versorgt seine Wunden und verbindet ihn. Dann hebt er ihn auf seinen Esel und bringt ihn zu einer Herberge. Er pflegt ihn. Am nächsten Morgen gibt er dem Wirt Geld und sagt: „Pflege du ihn.“ Dann reist der Mann aus Samaria weiter.

Als Jesus die Geschichte erzählt hatte, sah er den an, der ihn gefragt hatte. „Was meinst du? Wer von den Dreien ist dem Verwundeten am nächsten gekommen?“ Der Mann antwortete: „Der ihm Gutes getan hat.“ Da sagte Jesus zu ihm: „Gehe hin und handle ebenso.“

So tragen wir Gottes guten Geist weiter, wenn wir in Jesu Sinn handeln.

Reinheitsgebot und Liebesgebot

Es gibt im Judentum die Unterscheidung zwischen „rein“ und „unrein“ – als unrein gilt zum Beispiel Blut. Wenn man nun einen Verletzten liegen sieht, darf man ihn anfassen? Der Jude Jesus sagt ja. Denn das Gebot der Liebe ist größer als das Gebot der Reinheit.

Gott

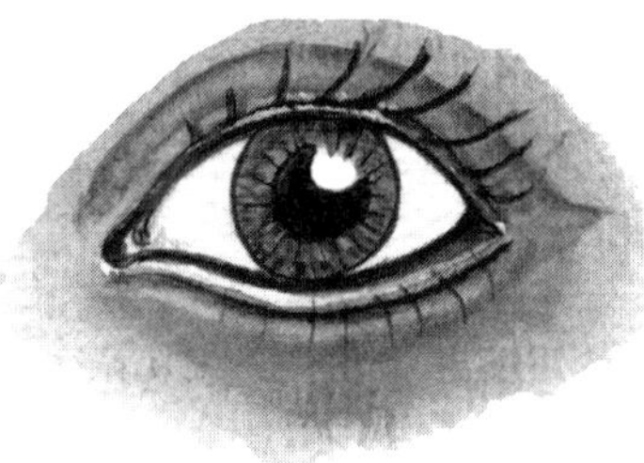

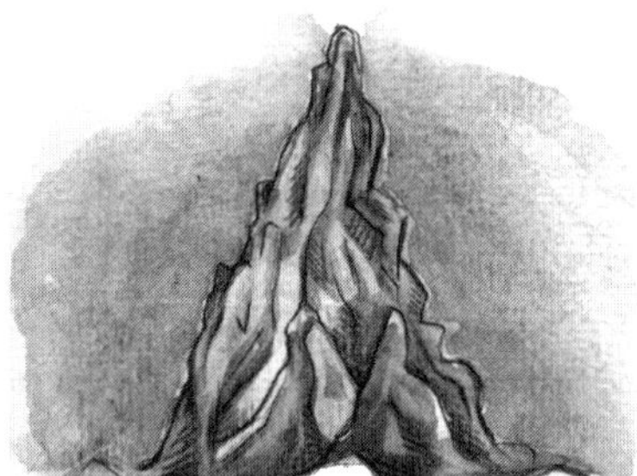

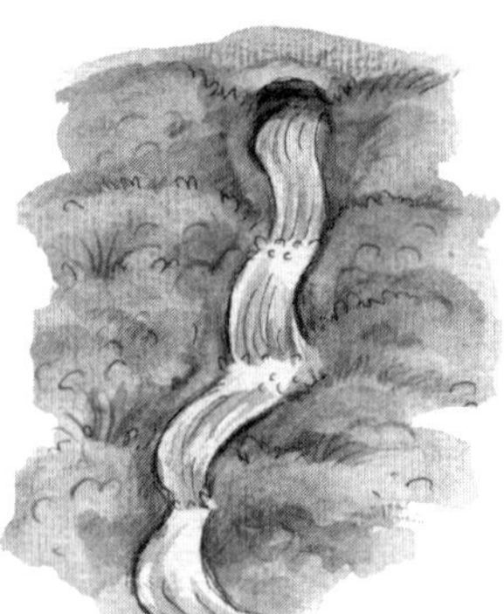

Frage: Gibt es Gott?

Im Verlauf des Kurses bis hierher haben wir vorausgesetzt, dass es Gott gibt. Da Kinder im Alter von zehn Jahren genau dies aber in Frage stellen, wollen wir uns in den nächsten Stunden mit diesem Thema beschäftigen.

Die Existenz Gottes lässt sich weder beweisen noch widerlegen. Die Bibel bietet keinen Gottesbeweis. Sie erzählt von Begegnungen und Erfahrungen, die Menschen mit Gott gemacht haben. Wie wir auch sonst im Leben Erfahrungen anderer Menschen vertrauen, so können wir auch den Gotteserfahrungen trauen und sie selbst ausprobieren. Die Frage nach Gott ist also eine Frage des Vertrauens, religiös gesprochen: des Glaubens.

Stichwort: Gottesbilder

Gott kann man nicht mit dem Verstand erkennen, sondern Gott offenbart sich. Er zeigt sich den Menschen in seinem Handeln. Was Menschen in ihrem Alltag erlebt haben, was ihnen widerfahren ist, haben sie gedeutet, indem sie Gott mit einbezogen haben. Für die Menschen der Bibel gibt es keine Wirklichkeit ohne Gott. In verschiedenen Bildern haben sie versucht zu beschreiben, wer Gott für sie ist und wie er in ihrem Leben gehandelt hat. Allerdings warnt sie das Bilderverbot (Du sollst dir kein Bild von Gott machen ...) davor, Gott festzulegen.

1. Gott ist wie ...

In der ersten Stunde geht es darum, anhand der Geschichte „Was soll nur aus Pia werden?" über die Gottesvorstellung der Kinder zu sprechen (wahrnehmen). In der zweiten Stunde lernen die Kinder biblische Bilder von Gott kennen (deuten), um abschließend dann anfänglich zu überlegen, was denn „ihr" Gott sei (gestalten).

Gott ist einer

Gott ist größer

Der Glaube an den einen Gott, wie er Abraham und Mose begegnet ist, verbindet Judentum, Christentum und Islam. Gott ist Schöpfer und Erhalter der Welt, ein Gegenüber für Propheten und Auserwählte – und bis heute für jeden ernsthaften Beter. Er ist unvergleichlich und zugleich unvorstellbar, wie ein Mensch, aber größer, wie eine Naturgewalt, aber gnädig, wie ein Brausen, wie ein „sachtes Sausen", ewig, allmächtig, allbarmherzig ... – Im Islam hat Gott „99 schöne Namen", im Judentum ist sein Name so heilig, dass er nicht gesprochen wird. Christen begegnen Gott im Vater, im Sohn und im Heiligen Geist.

Sie brauchen ...

Deckblatt „Gott“, Bibelvers-Streifen, Arbeitsblatt „Gott ist wie ...“, Geschichte „Was soll denn nur aus Pia werden?“, Farbstifte

Verlauf

Lied	„Bist du ein Haus aus dicken Steinen"
Einführung	„Wir wollen uns in den nächsten Stunden mit der Frage beschäftigen: Wer ist Gott? – Wie stellt denn ihr euch Gott vor?" (Antworten sammeln)
Geschichte	„Was soll denn nur aus Pia werden?" wird vorgelesen; anschließend Gespräch: „Welche Bilder von Gott kommen in der Geschichte vor?"
Aktion	Die Kinder erhalten zu zweit ein Deckblatt „Gott" und ein Set Bibelvers-Streifen. Bild und Text werden einander zugeordnet.
Vertiefung	Jedes Kind bearbeitet das Arbeitsblatt „Gott ist wie ..."

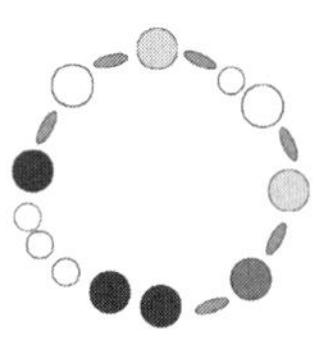

Die goldene Perle ist die Gottesperle. Gold leuchtet hell und schön wie das Licht der Sonne, ohne das es kein Leben gibt. Darum ist Gold die Farbe Gottes.

Nimm sie in die Hand, umfasse sie ganz mit deinen Fingern. Sage Gott in der Stille, wie er für dich ist.

Und dann bete zu ihm, wie Jesus es uns beigebracht hat:

Vater unser im Himmel,
geheiligt werde dein Name.
Dein Reich komme.
Dein Wille geschehe, wie im Himmel, so auf Erden.
Unser tägliches Brot gib uns heute.
Und vergib uns unsere Schuld, wie auch wir vergeben unsern Schuldigern.
Und führe uns nicht in Versuchung.
Sondern erlöse uns von dem Bösen.
Denn dein ist das Reich und die Kraft und die Herrlichkeit in Ewigkeit.
Amen

Geschichte

Was soll denn nur aus Pia werden?

Pias Bruder ist getauft worden; Pia, ihre Eltern und einige Verwandte sitzen an der Kaffeetafel. Der Onkel hat gefragt, was Pia einmal werden will. „Gott“, hat Pia gesagt, „Gott will ich werden.“ Sie erzählt, was daraufhin geschieht.

1	Oma sieht mich an und sagt: „Aber Pia, Gott ist kein Beruf. Du kannst Sängerin werden, Malerin, Tänzerin ...“ „Du kannst Ärztin werden“, ruft Papa, „Rechtsanwältin oder Apothekerin.“ „Lehrerin“, sagt Mama. „Bankbeamtin“, sagt Großvati. „Seifenblasenverkäufer!“, ruft Leon. Tante Lena pufft ihn in die Seite. „Das alles kannst du werden, Pia“, sagt Oma. Sie runzelt die Stirn. „Aber Gott kann keiner werden. Gott gibt es ja schon.“ „Gott gibt es“, sagt Leon. „Und der hat einen ganz langen Bart. Er ist so alt wie die Welt.“

2	„Also“, sagt Tante Lena, „das mit dem langen Bart hat Leon aber nicht von mir. Ich sage immer: Gott ist kein Mann.“ Gut, denke ich, wenn er eine Frau ist, ist es sowieso besser. Dann kann ich viel leichter Gott werden. „Kein Mann?“, fragt Onkel Paul empört. „Da hört doch alles auf! Beten wir etwa nicht: Vater unser ...?“ Tante Lena wird rot. Vielleicht ist es ihr peinlich, dass sie nicht betet. „Das sagt man nur so“, sagt sie. „Man meint damit, dass er so gut und so klug und so liebevoll ist wie ein Vater.“ „Ha!“, ruft Onkel Paul. „Du hast gesagt: er! Damit ist es erwiesen: Gott ist ein Mann!“

3	Tante Lena sieht Onkel Paul an, als wollte sie ihn mit der Kuchengabel aufspießen. „Gott ist kein Mensch“, sagt sie trotzig. „Weder Mann noch Frau. Gott ist ein guter Geist.“ „Huuuh!“, ruft Klara und kichert. Manchmal finde ich meine große Schwester ganz schön blöd. „Gott ist wie die Sonne“, sagt Mama. „Wie eine Quelle mit frischem Wasser“, sagt Oma. „Wie ein Fels“, sagt Großvati. „Eine feste Burg“, setzt Papa noch hinzu. „Oh mein Gott“, sagt Onkel Paul. „Was denn nun?“ Tante Lena schiebt ihren Kuchenteller zur Seite. „Von allem etwas“, sagt sie.

4	Ich spiele mit den Krümeln auf meinem Teller. Die Sonne von draußen scheint durch sie durch. Da werden sie golden. Schön sieht das aus. Gott lacht wie die Sonne, denke ich, und haucht auf alles goldenen Glanz. Das wäre wirklich ein guter Job. Und ich bin mir ganz sicher: Gott will ich werden ...

Martina Steinkühler, Was soll denn nur aus Pia werden?; Göttingen 2007

Hilfen für das Gespräch	
Leon sagt:	Onkel Paul sagt:
Tante Lena sagt:	Pia denkt:

Bibelvers-Streifen

o	Ich bin der gute Hirte. Der gute Hirte lässt sein Leben für die Schafe. (Johannes 10,11)
o	Wir sind Ton, du bist unser Töpfer, und wir alle sind deiner Hände Werk. (Jesaja 64,7)
o	... sah ihn sein Vater, und es jammerte ihn; er lief und fiel ihm um den Hals und küsste ihn. (Lukas 15,20)
o	HERR, mein Fels, meine Burg, mein Erretter; mein Gott, mein Hort, auf den ich traue! (Psalm 18,3)
o	Der HERR ist in seinem heiligen Tempel, des HERRN Thron ist im Himmel. Seine Augen sehen herab, seine Blicke prüfen die Menschenkinder. (Psalm 11,4)
o	Gott ist König über die ganze Erde; lobsinget ihm mit Psalmen! (Psalm 47,8)
o	Siehe, es ist kein Wort auf meiner Zunge, das du, HERR, nicht schon wüsstest. (Psalm 139,4)
o	Gott der HERR ist Sonne und Schild. (Psalm 84,12)
o	Denn unser Gott ist ein verzehrendes Feuer. (Hebräer 12,29)
o	Ich will euch trösten, wie einen seine Mutter tröstet. (Jesaja 66,13)
o	Bei dir ist die Quelle des Lebens, und in deinem Lichte sehen wir das Licht. (Psalm 36,10)
o	Darum verlasst euch auf den HERRN immerdar; denn Gott der HERR ist ein Fels ewiglich. (Jesaja 26,4)

Arbeitsblatt

Gott ist wie ...

die Sonne	eine Mutter	eine Quelle	ein Fels
ein König	ein Auge	ein guter Vater	ein Töpfer
eine Burg	ein Hirte	ein Feuer	ein Ohr

denn

... er tröstet uns, wenn wir traurig sind.
... er sorgt für uns und beschützt uns.
... er erleuchtet die Welt und macht unser Leben hell.
... er hört uns zu und weiß, wie es uns geht.
... er wärmt uns mit seiner Liebe.
... er hat uns geschaffen.
... er gibt uns Schutz und Geborgenheit.
... er hält alles in seiner Hand.
... er gibt uns festen Boden unter den Füßen.
... er liebt uns, auch wenn wir etwas falsch gemacht haben.
... er gibt uns, was wir zum Leben brauchen.
... er sieht das Gute und das Böse, das Menschen tun.

Führe die Anfänge und Enden der Sätze richtig zusammen.

2. Gott macht ...

In dieser Stunde geht es um die Frage, wie Gott handelt. Die Bibel erzählt davon, dass Gott Menschen in seinen Dienst nimmt. In den beiden Geschichten dieser Stunde sind Menschen (der unbekannte Absender des Pakets an Familie Sala und Ebed Melech) die Handelnden. Der Glaubende vertraut darauf, dass in diesem menschlichen Handeln Gott am Werk ist.

Sie brauchen ...

Geschichte „Beppo und der Luftballon", Text- und Arbeitsblatt „Jeremia im Brunnen"

Verlauf

Lied	„Gottes Liebe ist wie die Sonne"
Geschichte	Geschichte „Beppo und der Luftballon" vorlesen bis: „Gott wird helfen".
Gespräch	Was wird passieren? Will Gott helfen? Kann Gott helfen? Wie könnte Gott helfen?
Geschichte	Geschichte zu Ende lesen.
Übertragung	„Auch in der Bibel gibt es Geschichten, in denen davon erzählt wird, wie Gott durch Menschen handelt. Eine davon wollen wir nun gemeinsam lesen." – Lesen der Geschichte Jeremia 38 mit verteilten Rollen.
Aktion	Schreibgespräch zu dritt: Der Erste schreibt: „Manchmal ist es, als ob ich in einem Brunnen sitze, nämlich wenn ..." – Der Zweite: „Dann wäre es gut, wenn ..." – Der Dritte: „Manchmal ist es ..." (s.o.) usw.

Die goldene Perle ist die Gottesperle. Gold ist Gottes Farbe, die Farbe des Königs, der alle Macht in Händen hält.

Wir können beten: „Gott, hilf mir." Aber wir können nicht wissen, wie Gott das versteht. Und welche Wege er wählt. Beten hilft. Auch wenn wir das nicht gleich bemerken. Beten hilft, weil es tröstet. Weil es hilft, die Gedanken zu ordnen. Weil es neue Kraft gibt für den nächsten Schritt.

Im Vaterunser beten wir um „täglich Brot", um „Bewahrung", um „Vergebung" und ums „Vergeben können" – eine Menge können wir selbst dazu beitragen, dass es uns gut geht. Wenn wir uns auf Gott verlassen und zugleich das Nötige tun. Die wichtigste Bitte im Vaterunser ist dann doch: „Dein Wille geschehe, wie im Himmel, so auf Erden."

Geschichte

Beppo und der Luftballon

Alle Kinder waren in der Schule. Nur Beppo, acht Jahre alt, stand mutterseelenallein auf einem Hügel und starrte angestrengt zum Himmel hinauf. Dort oben war ein winziger, roter Punkt. Seinetwegen hatte Beppo die Schule geschwänzt. Es war ein roter Luftballon.

Beppo hatte zwanzig Lire geopfert, um ihn kaufen zu können. Das war eine Menge Geld für Beppo! Trotzdem hatte er den Luftballon gekauft – nur so, zum Davonfliegen? Beppo hatte niemandem erzählt, was er damit anfangen wollte.

Heimlich hatte er einen Brief geschrieben und ihn an die Schnur des Luftballons angebunden. Und als alle Kinder in der Schule waren, hatte er sich fortgeschlichen, um auf dem Hügel seinen Luftballon steigen zu lassen. Hoffentlich würde der Wind die Botschaft nicht abreißen!

„Lieber Gott", stand mit großen Buchstaben auf dem Zettel geschrieben, „in ein paar Wochen bekomme ich einen kleinen Bruder. Wir sind sechs Kinder, und meine Eltern haben wenig Geld. Der Kleine muss mit Pedro und mir zusammen schlafen, weil wir nicht genug Bettzeug haben. Bitte, lieber Gott, mach doch, dass ich dem kleinen Bruder einen Strohsack mit Bettzeug zurechtmachen kann! Es darf ruhig etwas Gebrauchtes sein! Ich wohne in Arcole in Italien. Dein Beppo Sala."

So hatte Beppo geschrieben, und er hoffte, dass der, für den der Zettel bestimmt war, ihn würde lesen können. Und als der kleine rote Punkt in der Höhe verschwunden war, trottete Beppo voll Zuversicht nach Hause: Gott wird helfen.

Hilfen für das Gespräch	
Auf Beppos Karte steht ...	Auf meiner Karte könnte stehen: ...
Und Gott könnte antworten ...	

Die nächsten Tage waren für Beppo nicht leicht zu ertragen. Er wartete voller Spannung. Aber nicht das Geringste geschah. Es war, als ob es seinen roten Luftballon niemals gegeben hätte. Das Einzige, was sich ereignete, war, dass er nachsitzen musste, weil er die Schule geschwänzt hatte.

Aber dann geschah doch etwas. Es war am vierten Tag, nachdem er den Luftballon losgelassen hatte. Schon von weitem erkannte Beppo den Paketkarren des Postboten vor seinem Elternhaus. Aufgeregt stürmte er ins Haus. Drinnen fand er die ganze Familie in der Küche versammelt. Mitten auf dem Tisch lag ein Paket. Vater Sala zankte sich mit dem Postboten. Aus dem Stimmengewirr hörte Beppo den Bass seines Vaters heraus. „Du willst Postbote sein, Antonio, und begreifst nicht einmal, dass dieses Paket unmöglich für uns sein kann?“ Der Briefträger rollte die Augen. „Du Dummkopf!“, schrie er. „Kannst du nicht lesen? Sala – Familie Sala! Da steht es!“

„Jawohl, so heißen wir. Aber wir kennen niemanden in Rovigo. Und geschenkt nehme ich nichts, das weißt du! Nimm das Paket wieder mit!“ Und damit versetzte der Vater dem Paket einen Hieb, dass die zwei kleinen Sala-Kinder, die munter auf dem Fußboden herumkrochen, erschreckt unter den Tisch flüchteten.

Beppo hielt es nicht länger aus. „So mach das Paket doch auf!“, schrie er, außer sich vor Erregung. „Dann werden wir sehen, ob es für uns ist oder nicht!“ Der Lärm verstummte. Unter den buschigen Brauen hervor warf der Vater einen finsteren Blick auf den vorlauten Sohn und überlegte. „Also los!“, fuhr er den Postboten an. „Du hörst es doch, öffne!“

Hastig riss der Mann die Schnüre auf. Als er den Deckel zurückschlug, wurde es ganz still in der Küche. Und alle sahen, wie es weiß aus dem Karton herausleuchtete: Windeln, Bettzeug und winzige Kinderwäsche! Nicht gerade nagelneu, aber heil und sauber. Ein Schatz für die Familie Sala! Die Augen der Mutter leuchteten.

War es nicht wie ein Wunder, dass Gott ausgerechnet in Rovigo, fast hundert Kilometer von Arcole entfernt, ein Paket für die Familie Sala zur Post gab? Ein Glück, dass wenigstens kein Absender angegeben war, dachte Beppo. Nun konnte der Vater das Paket nicht zurückschicken!

Und während der Inhalt des Paketes von Hand zu Hand ging, schlich Beppo sich leise hinaus. Sein Herz war übervoll. Rasch eilte er zu dem Hügel, wo er vor vier Tagen den roten Luftballon zum Himmel geschickt hatte, und dankte dem gütigen Geber.

Geschichte/Spiel

Jeremia im Brunnen

Erzähler: In Israel ist Krieg mit Babylon. Jerusalem ist umzingelt. Der Prophet Jeremia will die Stadt verlassen. Ein Offizier denkt, Jeremia will zu den Babyloniern überlaufen. Jeremia wird ins Gefängnis geworfen. Er wird im Wachthof gefangen gehalten. Eines Tages redet Jeremia zu den Männern im Wachthof.

Jeremia: Wer in dieser Stadt bleibt, stirbt durch das Schwert, durch Hunger oder Pest. Wer zu den Babyloniern geht, wird leben.

Gedalja (Beamter): Hast du das gehört? Diesen Mann muss man töten! Die Soldaten verlieren den letzten Mut.

Juchal (Offizier): Ja, lass uns zum König Zedekia gehen. Jeremia will den Untergang des Volkes.

Erzähler: Sie gehen zum König. Der König ist noch jung und unsicher.

Gedalja: Mein Herr und König, der Gefangene Jeremia ist ein Verräter. Er ruft die Leute auf, zu den Babyloniern überzulaufen.

Juchal: Lass ihn töten!

König: Macht mit ihm, was ihr wollt. Ich kann euch nicht hindern.

Erzähler: Sie holen Jeremia und bringen ihn zum Brunnen im Wachthof. Mit Stricken lassen sie ihn herunter. Im Brunnen ist kein Wasser, nur Schlamm, in den Jeremia einsinkt.
Jeremia ist verzweifelt. Hilft Gott denn nicht? Ebed-Melech, ein äthiopischer Diener des Königs, hört von Jeremias Schicksal ...

Fremder: Sie haben Jeremia im Brunnen geworfen. Er wird dort sterben. Ohne Brot und ohne Wasser.

Ebed-Melech: Ich will zum König gehen, damit er Jeremia hilft.

Erzähler: Ebed-Melech geht zum König und berichtet ihm, was er gehört hat.

Ebed-Melech: Höre mich, Herr, sie haben Jeremia Böses getan. Sie haben ihn in den Brunnen geworfen. Er wird verhungern.

König: Nimm dir drei Männer. Zieht Jeremia aus dem Brunnen, bevor er stirbt.

Ebed-Melech: Ja, mein König. Dürfen wir aus deiner Kleiderkammer zerrissene Kleider holen?

König: Tut alles, damit ihr Jeremia rettet.

Erzähler: Ebed-Melech tut, was der König sagt. Mit drei Männern, einem Strick und den Kleiderfetzen kommt er zum Brunnen. Er lässt die Kleider am Strick in den Brunnen herab.

Ebed-Melech: Jeremia, höre mich, wir sind deine Freunde. Wir wollen dich retten. Lege die Lumpen unter die Arme, damit dich die Stricke nicht verletzen.

Erzähler: Sie ziehen ihn an dem Strick aus dem Schlamm heraus. Jeremia ist gerettet. Ebed-Melech hat geholfen. Gott hat geholfen.

Hilfen für das Gespräch	
Jeremia sagt zu Ebed-Melech:	Jeremia sagt zu Gott:

3. Gott sehen ...

Diese Stunde soll den Kindern zeigen, dass es eindeutige Beweise für oder gegen Gott nicht gibt. Gott ist ein verborgener Gott. Das gibt auch Raum für den Zweifel. Es ist nur möglich, „Spuren“ Gottes in der Welt festzustellen und ihnen zu vertrauen.

Als Christen glauben wir jedoch, dass Gott sich in Jesus Christus gezeigt hat. An ihm können wir ablesen, wie Gott ist und wie er diese Welt gewollt hat („Wer mich sieht, der sieht Gott“, sagt Jesus).

Sie brauchen ...

Arbeitsblatt „Spuren“; Arbeitsblatt „Wer mich sieht“, Deckblatt „Gott“

Verlauf

Lied	„Gott liebt diese Welt" (Strophen 1-3)
Erarbeitung	Die beiden kurzen Texte „Gott kennen" und „Spuren" werden vorgelesen. Gespräch: „Wie können Menschen darauf kommen, dass es Gott nicht gibt? Was könnten Spuren Gottes in der Welt sein? Die Kinder beschriften „Spuren".
Vertiefung	„Wer mich sieht, sieht den Vater" (Johannes 14,9): Die Kinder entschlüsseln den Schlüsselsatz und beschriften „Schlüssel".
Lied	„Gott liebt diese Welt" (Strophen 4-8)
Aktion	Die „Spuren" und „Schlüssel" der Kinder werden kopiert, ausgeschnitten und auf bunte Pappe geklebt – als Girlande quer durch den Raum, als Mobile, zum Mit-nach-Hause-Nehmen zu verwenden.

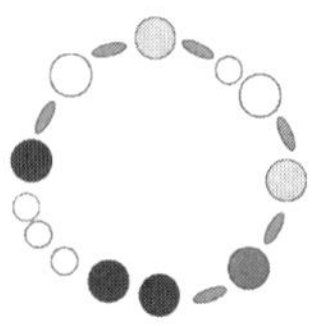

Die goldene Perle ist die Gottesperle. Gold ist Gottes Farbe, die Farbe des Mondes und der Sterne, die am Himmel standen in der Nacht, als Gottes Heiland geboren wurde. Gold, Weihrauch und Myrrhe brachten die Weisen aus dem Morgenland zur Krippe – weil sie wussten: Dieses Kind hält den goldenen Schlüssel zum Himmelreich in seiner Hand.

Wir können zu Gott beten, weil Jesus uns gesagt hat: Ihr dürft Gott als euren Vater ansprechen. Ihr dürft ihn bitten um alles, was ihr braucht. Ihr dürft darauf vertrauen, dass in mir Gott auf eurer Seite ist. Seht doch und spürt doch, wie freundlich der Herr ist ... – Vater unser im Himmel ...

Arbeitsblatt

Spuren

1. Mein Opa betet oft zu Gott. Ich habe ihn mal gefragt, ob er Gott schon gesehen hat. Aber er hat gesagt: „Gott kann man nicht sehen!“

   „Woher weißt du dann, dass es ihn gibt?“, habe ich Opa gefragt. „Ich sehe doch alles, was er geschaffen hat. Darum glaube ich an ihn“, hat Opa gesagt. Ich fände es schöner, wenn ich Gott sehen könnte. Dann könnte ich eher an ihn glauben.

2. Der alte Afrikaner wurde gefragt: „Warum glaubst du an Gott? Du siehst ihn doch nicht!“ Da sagte er: „Wenn ich am Morgen Spuren im Sand sehe, dann weiß ich, dass ein wildes Tier in der Nacht um meine Hütte geschlichen ist. Weil ich Spuren Gottes in meinem Leben entdecke, weiß ich, dass es ihn gibt.“

Trage ein: Spuren von Gott

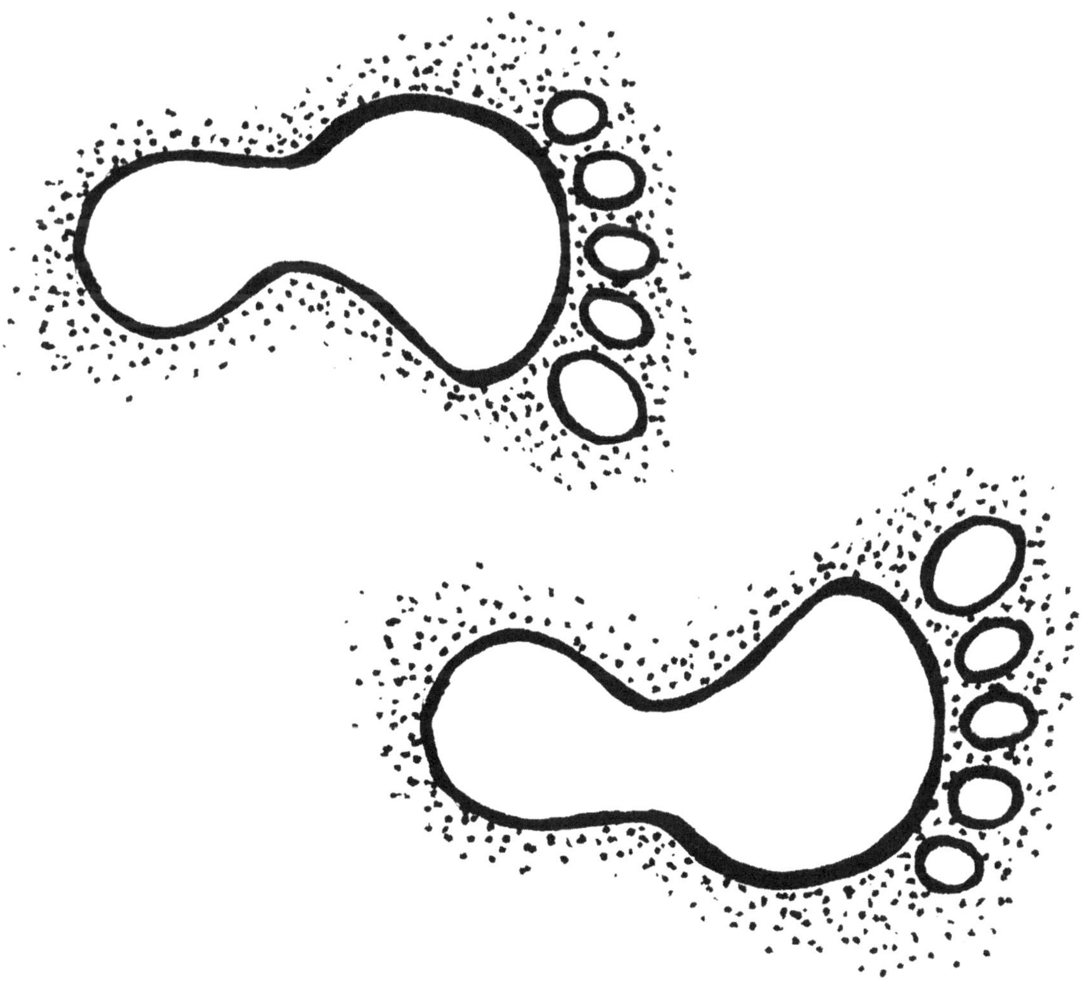

Arbeitsblatt

Wer mich sieht ...

Wer Suchet mich mich sieht,
so der werdet sieht ihr den leben Vater.

Hier sind zwei Bibelsprüche durcheinandergekommen. Einmal spricht Gott, einmal spricht Jesus. Entschlüssele die beiden Bibelsprüche (Amos 5,4; Johannes 14,9)

— — — — — — — — — — — —,

— —.

— — — — — — — — — — — — — — —, —.

Jesus ist der Schlüssel zu Gott:

Gott will ______________________________

Darum hat Jesus Menschen geheilt.

Gott will ______________________________

Darum hat Jesus sich bei Zachäus eingeladen.

Gott will ______________________________

Darum hat Jesus sich um die Armen gekümmert.

Gott will ______________________________

Darum ist Jesus am Kreuz gestorben.

Gott will ____

Darum ist Jesus vom Tod auferstanden.

Gott will ____

Darum lebt Jesus unsichtbar unter uns.

Bilde einen ähnlichen Satz. Schreibe „Gott will …“ in den Kopf des Schlüssels; „darum hat Jesus …“ in den Stiel.

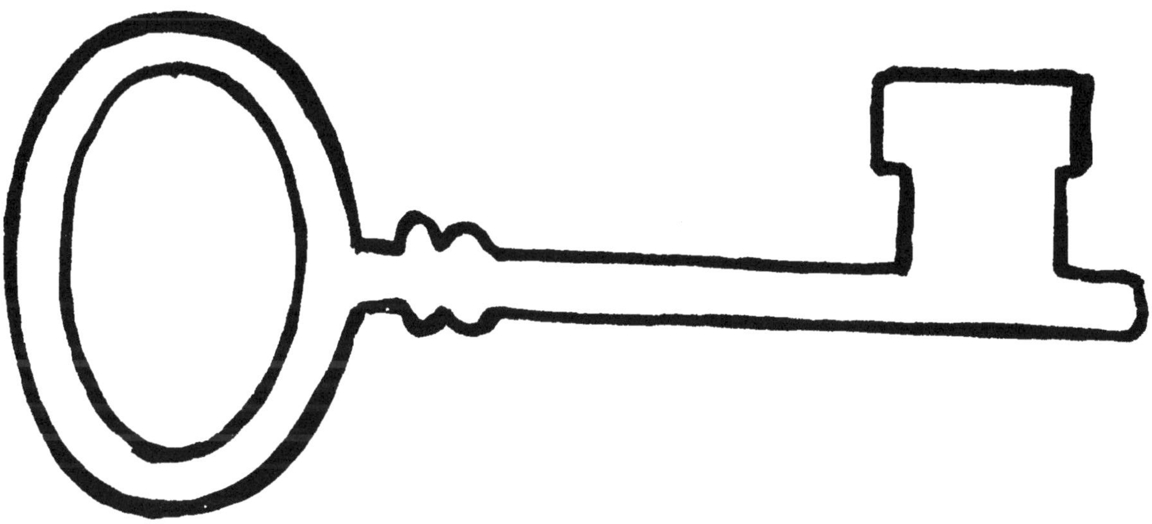

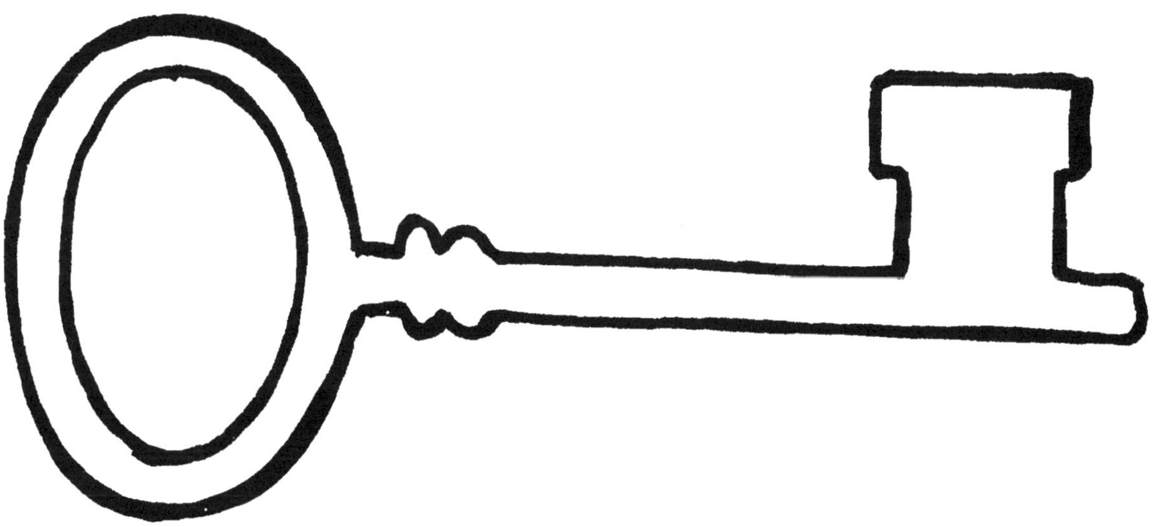